있는 그대로 아랍에미리트

나의 첫 다문화 수업 17

있는 그대로 아랍에미리트

초판 1쇄 발행 2025년 1월 10일

지은이 원요환

기획편집 도은주, 류정화
마케팅 조명구
표지 일러스트 엄지

펴낸이 윤주용
펴낸곳 초록비공방

출판등록 제2013-000130
주소 서울시 마포구 동교로27길 53 308호
전화 0505-566-5522   팩스 02-6008-1777

메일 greenrainbooks@naver.com
인스타 @greenrainbooks @greenrain_1318
블로그 http://blog.naver.com/greenrainbooks

ISBN 979-11-93296-80-6 (03910)

어려운 것은 쉽게 쉬운 것은 깊게 깊은 것은 유쾌하게

초록비책공방은 여러분의 소중한 의견을 기다리고 있습니다.
원고 투고, 오탈자 제보, 제휴 제안은 greenrainbooks@naver.com으로 보내주세요.

있는 그대로 아랍에미리트

원요환 지음

전통과 현재, 미래가 공존하는 나라

"거기 안전한가요?"

예전에 중동에 있는 아랍에미리트UAE, United Arab Emirates에 산다고 하면 한국에서 가끔 듣는 질문이었다. 웃으면서 "한국만큼 치안이 좋은 나라입니다."라고 답하면 상대방은 몰랐다는 표정으로 바라보곤 했다.

최근에는 조금 바뀐 것 같다. 아랍에미리트 주요 도시인 두바이와 아부다비가 미디어와 SNS에 많이 노출되어서 그런지 럭셔리한 마천루, 꺼지지 않는 화려함, 슈퍼카들의 향연 이런 것들이 젊은이들의 마음을 사로잡고 있는 듯하다.

하지만 '두바이 초콜릿'이 유명하고 부자 나라라는 것은 알아도 정작 이곳의 문화와 역사, 사람들의 생활상에 대해서는 아는 사람이 별로 없다. 아직도 중동 지방에 대한 심리적 거리가 크기 때문일 것이다.

아랍에미리트는 알면 알수록 재밌는 나라다. 꿈틀거리는 역동성과 멈추지 않는 생생함이 함께 있다. 전체 인구의 90%가 외국인이고 세계 200여 개국에서 몰려온 사람들이 이슬람 문화 속에서 공존하는 곳, 바로 이곳 아랍에미리트다.

그러다 보니 재밌는 에피소드도 많다. 지금 이 글을 쓰고 있는 두바이의 한 카페에서 나를 맞이한 사람은 네팔인이고, 셰프는 인도인이며, 카운터는 모로코인이 맡고 있다. 카페 주인은 영국인이다. 손님인 나는 한국인이니 평범한 카페에 세계 각지에서 온 지구인이 뭉치게 된 셈이다. 이것이 개방성의 힘이 아닐까.

이 책은 아랍에미리트의 전통과 현대, 그리고 미래가 공존하는 독특한 문화를 소개하고 있다. '두바이'와 '아부다비'로 대표되는 아랍에미리트의 주요 도시들은 놀라운 발전을 이루었으며, 이제는 전 세계 이목을 끄는 혁신적인 국가로 자리매김하고 있다. 이 나라는 석유가 언젠가는 떨어진다는 경각심을 갖고 산업 육성과 첨단 기술 분야에서의 도전 등 다각적인 전략을 통해 교육과 과학기술, 경제의 균형을 맞추고 있다.

안정적인 국가 체계와 정치는 이 나라의 큰 장점이다. 한번 설정해 놓으면 수십 년 동안 바꾸지 않고 그대로 진행하는 국가 정책의 연속성 덕분에 전 세계에서 투자가 몰리고, 매력적인 세금 정책으로 글로벌 기업들이 들어오면서 빠르게 부를 축적하고 있다. 강력한 왕의 리더십 아래 지속가능한 발전을 위해 장기 플랜을 세우고 스마트 시티를 건설하는 등 미래 세대를 위한 발전에도 힘쓰고 있다.

책을 쓰는 동안 나는 쌍둥이 형제의 아빠가 되었다. 아직 갓난아기들이지만 아이들에게 들려주고 싶은 이야기를 상상하며 쉽고 자세히 쓰려고 노력했다. 언제가 될지는 모르겠다. 이재, 이찬이가 자라서 아빠가 쓴 이 책을 읽고 자기가 서 있는 이 땅에 대해 잘 알 수 있다면 그것만큼 행복한 일은 없을 것 같다.

이 글이 나올 때까지 많은 분의 도움을 받았지만 그중에서도 제일 고마운 사람은 아내다. 곤궁에 처할 때마다 넘치는 재치와 번뜩이는 아이디어로 내가 무사히 집필을 마칠 수 있게 도와주었다. 초록비공방 윤주용 대표님도 이 책이 무사히 나올 수 있도록 정말 잘 이끌어주셨다.

아랍에미리트 두바이에 거주한 지 10년이 다 되어가는 동안 내 직업은 한국 언론사 기자에서 UAE 항공사 파일럿으로 전혀 다른 영역으로 바뀌었다. 10년 뒤 우리는 어떤 모습일까? 여러분도 이 책에서 그 해답의 실마리를 찾았으면 좋겠다.

차 례

1부 앗살라무 알라이쿰! 아랍에미리트

4부 문화로 보는 아랍에미리트

5부 여기를 가면 아랍에미리트가 보인다

퀴즈로 만나는
아랍에미리트

퀴즈를 통해 아랍에미리트를 먼저 알아보자.
정답을 맞히지 못하더라도 퀴즈를 풀다 보면
아랍에미리트에 대한 호기심이 조금씩 생길 것이다.

Q1.

아랍에미리트 국장에 새겨져 있는 동물은 무엇일까요?

❶ 매
❷ 사막여우
❸ 아라비안 오릭스
❹ 낙타
❺ 양

Answer. ❶ 매

아랍에미리트의 상징인 매는 힘*strength*과 자애*goodness*를 의미하며, 중앙에 있는 국기의 테두리에 있는 일곱 개 별은 아랍에미리트 연방을 구성하는 7개 토후국(에미리트)을 상징한다. 하단의 아랍어 '알이마라트 알아라비야 알무타히다'는 아랍에미리트 연방이라는 국가명을 의미한다.

Q2.

다음 중 아랍에미리트와 관계없는 왕족은 누구일까요?

❶ 무함마드 빈 자이드 알 나흐얀

❷ 무함마드 빈 라시드 알 막툼

❸ 만수르 빈 자이드 알 나흐얀

❹ 무함마드 빈 살만

❺ 술탄 빈 무함마드 알 까시미

Answer. ❹ 무함마드 빈 살만

무함마드 빈 살만은 사우디아라비아의 왕세자이며 아랍에미리트와 직접적인 관계는 없다. 나머지 인물들은 아랍에미리트의 왕족이자 지도자들이다.

● 무함마드 빈 자이드 알 나흐얀, 아부다비 통치자　● 무함마드 빈 라시드 알 막툼, 두바이 통치자

● 만수르 빈 자이드 알 나흐얀, 아부다비 부총리　● 술탄 빈 무함마드 알 까시미, 샤르자 통치자

Q3.

현재 아랍에미리트의 왕조는 무엇일까요?

❶ 알 나흐얀 ❷ 알 사우드

❸ 알 막툼 ❹ 부사이드

❺ 알 사니

Answer. ❶ 알 나흐얀

알 나흐얀 가문은 아랍에미리트의 수도 아부다비를 다스리고 있으며, 아랍에미리트 전체의 지도자 가문이다. 알 막툼 가문은 두바이를 다스리고, 알 사우드는 사우디아라비아의 왕조이다. 또한 알 사니는 카타르, 부사이드는 오만의 왕조 이름이다.

● 알 나흐얀 왕조 가문장

Q4.

다음 중 아랍에미리트를 구성하는
토후국(에미리트)이 아닌 것은 무엇일까요?

❶ 아부다비   ❷ 두바이   ❸ 샤르자
❹ 도하   ❺ 라스 알 카이마

Answer. ❹ 도하

도하는 카타르의 수도로 아랍에미리트를 구성하는 토후국이 아니다. 아부다비, 두바이, 샤르자, 라스 알 카이마는 아랍에미리트의 토후국 중 하나다.

● 아랍에미리트의 수도인 아부다비 전경

● 두바이 크릭 전경

Q5.

아랍에미리트에 있는
세계에서 가장 높은
부르즈 할리파 건물의 높이는
몇 미터일까요?

❶ 620m ❷ 798m ❸ 828m ❹ 510m ❺ 660m

Answer. ❸ 828m

부르즈 할리파는 세계에서 가장 높은 건물로 828미터의 높이에 이른다. 이 건물은 아랍에미리트 두바이의 대표적인 랜드마크 중 하나로 전 세계적으로 유명하다.

● 두바이에 있는 부르즈 할리파

1부

앗살라무
알라이쿰!
아랍에미리트

"국민의 이익을 소홀히 하는 리더는 버림받을 것이다.
리더십은 특권으로 가는 관문이 아니라 봉사다."
— 무함마드 빈 라시드 알 막툼(현 아랍에미리트 총리 및 두바이 왕)

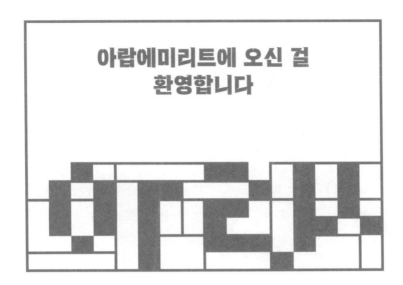

아랍에미리트에 오신 걸
환영합니다

도시명으로 더 유명한 나라

일반적으로 해외 출장이나 여행을 갈 때는 행선지를 영국이나 미국 같은 국가명으로 말하는 것이 일반적이다. 그러나 아랍에미리트로 가는 경우에는 국가명 대신 두바이나 아부다비 같은 도시명으로 이야기하는 경우가 많다. 이는 두바이와 아부다비가 아랍에미리트에서 차지하는 비중이 그만큼 크기 때문이다. '두바이 초콜릿'이라고 하지 '아랍에미리트 초콜릿'이라고 하지 않는 것처럼 말이다. 사람들이 아랍에미리트를 도시 중심으로 인식하게 된 이유는 이 나라의 경제적 배경과 깊이 연관되어 있다.

아랍에미리트의 정확한 이름은 '아랍에미리트연합국*United Arab Emirates*'이다. 줄여서 UAE라고도 한다. 1971년 영국으로부터 독립하면서 형성된 이 나라는 7개의 부족으로 이루어진 연방국이다. 본래 영국은 진주 채취와 어업이 주된 산업이던 이 가난한 지역에 별로 관심을 두지 않았다. 그러나 20세기 석유가 발견되면서 이 지역의 상황은 급속도로 변화하기 시작했다. 현재 아랍에미리트는 세계에서도 알아주는 부유국이고, 아부다비 국왕이 대통령을, 두바이 국왕이 부통령과 총리를 맡아 운영하고 있다.

석유 다음을 준비하는 나라

아랍에미리트 두바이 거리에서는 람보르기니나 페라리 같은 고급 차를 쉽게 볼 수 있다. 아부다비 출신의 왕자로 우리에게 유명한 만수르 역시 아랍에미리트의 대표적인 인물이다.

아랍에미리트 국민은 오일머니로 벌어들인 수익을 바탕으로 다양한 혜택을 누리고 있다. 교육과 의료가 무료로 제공되고, 해외 유학을 희망하는 국민에게는 유학 비용을 지원해 주며, 국내에서 치료가 어려운 질병은 해외에서 진료를 받을 수 있도록 돕고 있다.

이처럼 부유해 보이는 이 나라도 고민이 없는 것은 아니다.

● 아랍에미리트 두바이 시내 전경

가장 큰 고민은 석유 자원이 빠르게 고갈되고 있다는 점이다. 이를 대비해 아랍에미리트는 그 어느 중동 국가보다도 석유 이후의 미래를 준비하고 있다.

사람들의 이목을 끌기 위해 아랍에미리트는 세계에서 가장 크거나 최고인 것들을 건설하는 데 주력했다. 두바이는 세계에서 가장 높은 빌딩인 부르즈 할리파, 가장 큰 쇼핑몰인 두바이 몰, 중동 최초의 실내 스키장, 세계에서 가장 비싼 부르즈 알 아랍 호텔, 그리고 세계 최대의 인공섬 팜 주메이라 등을 통해 국제사회의 관심을 끌었고, 이 같은 관심을 토대로 외국의 대규모 투자를 유치하는 데 성공했다.

두바이의 성공 전략을 바탕으로 아부다비 역시 경제 발전을 도모하고 있다. 아부다비는 루브르 박물관과 구겐하임 박물관을 유치하고 페라리 월드를 세우는 등 세계적인 관광지로 발돋움하기 위한 노력을 기울이고 있다.

외국인에게 관용적인 나라

문화적 관용이 높다는 것도 아랍에미리트의 장점 중 하나이다. 다른 중동 국가들과는 다르게 아랍에미리트는 외국인에게 이슬람 율법을 엄격히 적용하지 않는다. 두바이의 경우 외국인들을 위한 공간에서는 주류 판매가 허용되며 외국인 여성은 복장도 자율적이다.

결국 아랍에미리트는 석유가 고갈된 후에도 새로운 먹거리를 확보하기 위해 개방성과 창의성을 바탕으로 다른 중동 국가들과 차별화된 길을 걷고 있다. 이 나라에 발을 디딘 순간, 과거와 미래가 공존하는 독특한 매력을 느낄 수 있는 것은 바로 그 때문일 것이다.

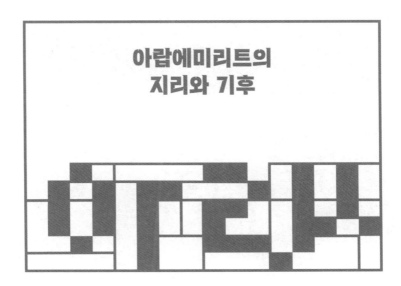

아랍에미리트의
지리와 기후

아라비아만의 중심에 위치하다

한국인에게 아랍에미리트가 어디 있느냐고 물어보면 중동 어디엔가 있는 거 아니냐고 할 뿐, 대개는 잘 답하지 못한다. 한국에서 멀리 떨어져 있는 탓도 있고 아직 중동 지역 자체가 우리에게 생소한 곳이기 때문이다.

아랍에미리트는 아라비아반도 남동부에 있는 아라비아만•과 접해 있다. 위도와 경도로 보자면 위도는 북위 22도 50분

• 1960년대까지 아랍 국가들은 이곳을 '페르시아만'이라고 불렀지만, 아랍 민족주의가 태동하면서 오늘날에는 이란을 제외한 아랍 국가들은 '아라비아만'이라고 부른다. 일부에서는 '걸프만'이라고도 부른다.

● 아랍에미리트 7개 왕국 지도

과 26도 사이, 경도는 동경 51도와 56도 25분 사이에 위치한
다. 북서쪽으로는 카타르와 짧은 국경(약 19km)을 공유하고 서
쪽, 남쪽, 남동쪽으로는 사우디아라비아와 긴 국경(약 530km)
을 맞대고 있다. 동남쪽과 북동쪽으로는 오만과 약 450km 길
이의 국경을 접하고 있다. 세계 원유 운송의 중요한 관문인 호
르무즈 해협 북쪽 입구에 있어 전략적으로 교역을 하기에 매
우 유리하다.

아랍에미리트 전체 면적은 대략 83,600km^2에 달하지만, 아
라비아만에 있는 섬들은 영유권 분쟁이 있을 뿐만 아니라 정
확한 크기를 파악하기 힘들고, 특히 사우디아라비아와의 국경
을 명확히 해놓지 않은 탓에 정확한 면적을 파악하기 어렵다.

아랍에미리트는 모두 7개의 토후국으로 구성된 나라다. 토후국은 '에미리트*Emitates*'와 같은 말로 '부족의 수장 등 토후가 지배하는 작은 왕국'을 의미한다. 나라명인 아랍에미리트는 '아랍의 각 부족 수장들이 모여 만든 나라'라는 뜻이다.

토후국	면적(㎢)
아부다비	67,340
아지만	259
두바이	3,885
라스 알 카이마	1,683
샤르자	2,590
움 알 콰인	777
푸자이라	1,666

가장 큰 토후국인 아부다비는 아랍에미리트 전체 면적의 85%인 67,340㎢를 차지하고, 가장 작은 아지만은 259㎢에 불과하다.

토지의 대부분이 사막이고 오아시스가 군데군데 있다. 오만과 국경을 공유한 북동 지역은 산악지대로, 라스 알 카이마 토후국의 제벨 자이스*Jebel Jais* 산이 해발 1,934m로 아랍에미레이트에서 가장 높다.

남서쪽 해안을 따라 주요 도시가 발달했으며, 특히 아라비안 반도에 있는 수백 개의 섬 중 200여 개 이상이 아부다비 토후국에 속해 있다.

중동 한복판에 있는 나라답게 아랍에미리트는 매우 덥고 맑은 사막성 기후다. 우리나라처럼 7~8월이 가장 더운데, 해안 평야 지역의 평균 최고 기온은 45°C를 넘나든다. 여름 후반에는 샤르기sharqi라고 부르는 습한 남동풍이 불어 해안 지역의 체감 온도는 더욱 높다. 정말 더워도 너무 덥다. 바깥에서 10초만 서 있어도 땀이 비 오듯 쏟아지고 습기로 인해 숨 쉬는 것조차 불쾌감이 느껴질 정도다.

반면 12~2월 평균 낮 기온은 약 20°C, 저녁 평균 기온은 10~14°C로 날씨도 좋고 선선해서 야외 활동하기에 그만이다. 중동 한복판에 있다는 것을 믿기 힘들 정도로 쾌청한 터라 관광객들도 이 기간에 제일 많이 방문한다.

연평균 강수량은 해안 지역은 120mm 미만이지만 산악 지역은 350mm에 달한다. 다만 해안 지역의 강수는 여름철에 짧고 폭우 형태로 내려 때로 마른 계곡에 홍수를 유발하기도 한다.

산악 지역에는 시야를 크게 저하하는 격렬한 모래 폭풍이 발생한다. 눈은 거의 오지 않지만 북쪽 끝 라스 알 카이마의 제벨 자이스에는 이따끔 눈이 내린다. 2000년 이후로 다섯 차례 정도 눈이 온 것으로 관측됐다.

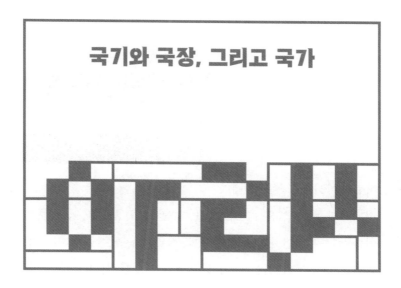

국기와 국장, 그리고 국가

어느 나라나 마찬가지지만 국기와 국장, 국가國歌는 단순한 상징이 아니라 국가의 정체성과 자부심을 나타내는 중요한 요소다. 따라서 국기, 국장, 국가에 어떤 요소가 강조되었는지를 살펴보면 그 나라에 대해 좀 더 자세히 알 수 있다.

아랍에미리트의 국기는 아랍인으로서의 역사와 문화를 반영하며 국민의 연대감을 고취한다. 국장은 자국의 힘과 용기를, 국가는 주권과 독립을 드러낸다.

국기, 국장, 국가의 상징들은 아랍에미리트의 발전과 번영을 위한 국민의 노력을 상기시키며 미래를 향한 희망과 목표를 담고 있다.

1971년 12월 2일 깃대 쪽으로 빨간 세로줄이 있고 그 옆으로 초록, 하양, 검정의 가로줄이 배치된 아랍에미리트 국기가 제

● 아랍에미리트 국기

정되었다. 초록색은 풍요로움을, 하얀색은 중립을, 검은색은 이슬람교의 예언자인 무함마드를, 빨간색은 단결을 의미한다. 다만 아랍에미리트는 7개의 토후국도 국기를 갖고 있다. 토후국의 국기는 아랍에미리트의 연합을 나타내면서도 각자의 고유한 정체성을 표현한다. 각 토후국의 국기는 다음과 같다(토후국 중 푸자이라는 아랍에미리트 국기와 동일하다).

● 아부다비: 붉은 바탕에 흰색 사각형이 왼쪽 상단에 위치

● 두바이, 아지만: 붉은 바탕에 흰색 사각형이 왼쪽에 위치

● 라스 알 카이마, 샤르자: 흰 바탕에 붉은 사각형이 안쪽에 위치

● 움 알 콰인: 붉은 바탕에 초생달과 별이 가운데 위치

금색 매가 새겨진 국장

아랍에미리트의 국장은 가슴에 아랍에미리트 국기가 그려진 금색 매이다. 1973년 처음 제정되었고 2008년 현재의 모습으로 개정되었다.

● 아랍에미리트 국장

매는 아랍 세계에서 강력한 힘과 통찰력을 가진 동물로 국가의 보호자와 지도자의 역할을 상징한다. 매의 발 아래에는 "아랍에미리트 연방"이라는 국가명이 아랍어로 적혀 있다.

"나의 나라여, 영원하라"

아랍에미리트의 국가는 〈이쉬이 빌라디〉로 "나의 나라여, 영원하라"라는 뜻이다. 이 국가는 1971년 아랍에미리트가 독립한 후 공식 국가로 채택되었다. 작곡가는 이집트 가수인 무함마드 압델 와하브이며, 가사는 아랍에미리트의 애국심과 국가의 번영을 기원하는 내용으로 구성되었다.

국가는 나라의 자부심과 애국심을 표현하는 중요한 노래로 아랍에미리트의 주요 행사나 스포츠 경기 등에서 불린다.

2004 아테네 올림픽에서 아랍에미리트가 첫 금메달을 땄을 때도 이 노래가 올림픽 시상식에서 연주되었다.

아랍에미리트 국가 가사

عيشي بلادي عاش اتحاد إماراتنا
나의 나라여 영원하라, 우리의 에미리트 연합이여

عشت لشعب
이슬람을 신봉하고 꾸란을 따르는 민족이여

دينه الإسلام هديه القرآن
그대를 지키리라, 오 조국이여

حصنتك باسم الله يا وطن
알라의 이름으로 그대를 보호하리라

بلادي بلادي بلادي بلادي
나의 조국, 나의 조국, 나의 조국, 나의 조국이여

حماك الإله شرور الزمان
알라께서 시대의 재앙으로부터 그대를 보호하시리라

أقسمنا أن نبني نعمل
우리는 건설하고 일할 것을 맹세하였노라

نعمل نخلص نعمل نخلص
우리는 성실히 일하리라, 성실히 일하리라

مهما عشنا نخلص نخلص

우리가 살아있는 한 성실하리라, 성실하리라

دام الأمان و عاش العلم يا إماراتنا

안전이 지속되고 깃발이 휘날리리라, 오 우리의 에미리트여

رمز العروبة

아랍의 상징이여

كلنا نفديك بالدما نرويك

우리 모두 그대를 위해 피를 흘리리라

نفديك بالأرواح يا وطن

영혼으로 바치리라, 오 조국이여

 아랍에미리트 국가 듣기

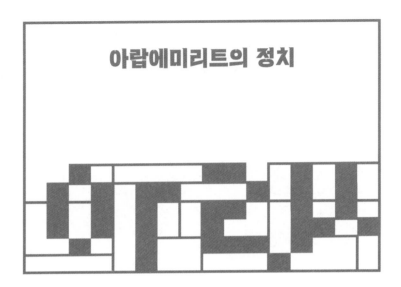

아랍에미리트의 정치

왕이 다스리는 정치체계

아랍에미리트는 대통령제를 채택하고 있으나 왕이 다스리는 연합 전제군주제에 조금 더 가깝다. 아랍에미리트의 최고 행정 및 입법기관은 헌법이 명시한 '연방 최고회의*Supreme Council*'로 7개의 토후국 통치자로 구성되며 이들이 대통령과 연방 총리를 선출한다. 대통령은 5년 임기의 국가원수로 아부다비 토후국의 통치자가 관례로 선출된다. 대통령은 아랍에미리트 통합군 총사령관을 겸직한다.

● 연방 최고회의 모습

2022년 아부다비 토후국의 통치자인 아미르●이자 제2대 아랍에미리트 대통령인 셰이크● 할리파 빈 자이드 알 나흐얀이 지병으로 세상을 떠나자 무함마드 빈 자이드 알 나흐얀이 제3대 아랍에미리트 대통령 및 아부다비 아미르로 취임했다.

연방 총리는 내각의 수반으로 임기 5년이며, 대통령이 제청하여 연방 최고회의 동의로 선출된다. 관례로 두바이 토후국 통치자가 총리 겸 부통령으로 선출되고 있다. 2006년 1월부터

● 아미르amīr, āmir 혹은 에미르Emir는 아라비아어로 '사령관', '총독'이란 의미이다. 이슬람 세계에서 '제후'의 칭호로 사용된다.
● 셰이크는 아랍 국가나 기관의 남자 수장을 뜻하며, 같은 의미로 여성을 칭할 때 셰이카라고 한다. 보통 '국가 원수'나 '장관'을 칭할 때 사용한다.

아랍에미리트 연방 최고회의 구성

셰이크 무함마드 빈 자이드 알 나흐얀, 아부다비 통치자 (UAE 대통령)
Sheikh Mohamed bin Zayed Al Naihyan

셰이크 무함마드 빈 라시드 알 막툼, 두바이 통치자 (총리 겸 부통령)
Sheikh Mohamed bin Rashid Al Maktoum

셰이크 술탄 빈 무함마드 알 까시미, 샤르자 통치자
Sheikh Sultan bin Mohammed Al Qasimi

셰이크 후마이드 빈 라시드 알 누아이미, 아즈만 통치자
Sheikh Humaid bin Rashid Al Nuaimi

셰이크 사우드 빈 라시드 알 무알라, 움 알 콰인 통치자
Sheikh Saud bin Rashid Al Mualla

셰이크 사우드 빈 사끄르 알 까시미, 라스 알 카이마 통치자
Sheikh Saud bin Saqr Al Qasimi

셰이크 하마드 빈 무함마드 알 샤르끼, 푸자이라 통치자
Sheikh Hamad bin Mohammed Al Sharqi

두바이의 통치자인 무함마드 빈 라시드 알 막툼이 맡고 있다.

내각의 각료들은 총리의 제청으로 연방 최고회의에서 선출되며 법안 발의, 연방 예산 승인, 연방정부 감독의 역할을 한다. 각료는 토후국 간의 권력 구조에 따라 배분되는데, 아부다비는 외교, 내무, 정보 등 6명의 장관을 선출하고, 두바이와 샤르자는 국방, 재정, 경제, 무역 장관을 나누어 가진다. 푸자이라와 라스 알 카이마는 각각 2명씩, 움 알 콰인은 1명의 장관을

배정받는다. 다시 말해 대통령과 총리, 장관의 자리를 각 토후국이 사이좋게 나눠 가진다고 생각하면 된다.

현재 행정부의 최고 기구인 각료회의는 대통령, 총리, 부총리 등으로 이루어져 있으며, 총 32명의 각료가 있다. 국방부 장관은 부통령 겸 총리가 겸임하며, 국무를 담당하는 장관들은 금융과 산업 담당, 내각 담당, 외교 담당, 연방 담당 장관으로 구성되어 있다.

각 토후국의 자치를 보장하기 위해 연방정부는 연방 전체에 영향을 미치는 일에만 제한된 권한을 가지며, 각 토후국에서 일정한 비율로 세금을 걷어 국정을 운영한다.

입법 권한이 없는 평의회

자문 역할을 담당하는 평의회도 있으나 그 기능은 심의에 국한된다. 평의회는 오직 의견만 낼 수 있다. 입법 권한도 없고 다른 나라의 국회처럼 의결권도 없다. 아랍에미리트 헌법에 따르면 연방 평의회는 총 40명의 의원으로 구성되며, 각 토후국에서 헌법에 정해진 의석수에 따라 선출된다.

의석수는 정치적, 경제적 영향력에 따라 아부다비와 두바이는 8석, 샤르자와 라스 알 카이마는 6석, 아즈만, 움 알 콰인, 푸자이라는 각각 4석을 배정받는다. 2005년 두바이의 무

● 연방 평의회 모습

함마드 빈 라시드 알 막툼이 연방 총리와 부통령으로 선출되면서 간접선거 방식으로 개편되었다. 평의회 의석의 절반은 선거인단을 통해 선출하고, 나머지 절반은 각 토후국 대표가 직접 지명한다.

평의회 의원의 자격은 아랍에미리트 국민이면서 자신이 대표하는 토후국의 거주자로 25세 이상의 성인이며 읽고 쓰는데 지장이 없어야 한다. 임기는 4년으로 연임이 가능하다. 의원은 발언 및 표결의 자유가 인정된다. 평의회 본회의나 위원회에서 행한 발언에 대해서는 검열이 이루어지지 않는다.

아랍에미리트 정치체계도

(출처:외교부 UAE개황)

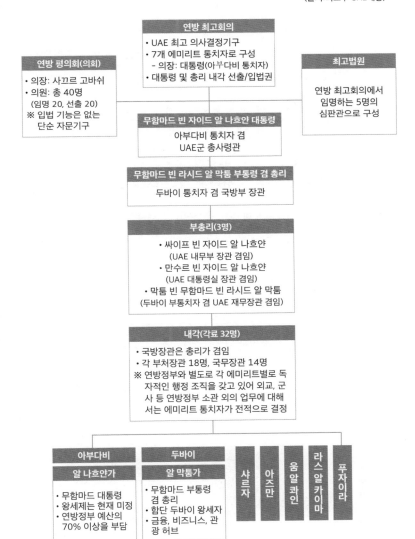

연방 최고회의
- UAE 최고 의사결정기구
- 7개 에미리트 통치자로 구성
  - 의장: 대통령(아부다비 통치자)
- 대통령 및 총리 내각 선출/입법권

연방 평의회(의회)
- 의장: 사끄르 고바쉬
- 의원: 총 40명
  (임명 20, 선출 20)
※ 입법 기능은 없는
  단순 자문기구

최고법원

연방 최고회의에서
임명하는 5명의
심판관으로 구성

무함마드 빈 자이드 알 나흐얀 대통령

아부다비 통치자 겸
UAE군 총사령관

무함마드 빈 라시드 알 막툼 부통령 겸 총리

두바이 통치자 겸 국방부 장관

부총리(3명)
- 싸이프 빈 자이드 알 나흐얀
  (UAE 내무부 장관 겸임)
- 만수르 빈 자이드 알 나흐얀
  (UAE 대통령실 장관 겸임)
- 막툼 빈 무함마드 빈 라시드 알 막툼
  (두바이 부통치자 겸 UAE 재무장관 겸임)

내각(각료 32명)
- 국방장관은 총리가 겸임
- 각 부처장관 18명, 국무장관 14명
※ 연방정부와 별도로 각 에미리트별로 독
  자적인 행정 조직을 갖고 있어 외교, 군
  사 등 연방정부 소관 외의 업무에 대해
  서는 에미리트 통치자가 전적으로 결정

아부다비
알 나흐얀가
- 무함마드 대통령
- 왕세제는 현재 미정
- 연방정부 예산의
  70% 이상을 부담

두바이
알 막툼가
- 무함마드 부통령
  겸 총리
- 함단 두바이 왕세자
- 금융, 비즈니스, 관
  광 허브

샤르자

아즈만

움알콰인

라스알카이마

푸자이라

아랍에미리트에는 정당이 없다

아랍에미리트는 정당이 존재하지 않는다. 나라의 분열을 조장할 수 있다는 이유로 정당 설립을 막아놓은 것으로 보인다. 이런 이유로 서구권에서는 아랍에미리트를 '현대적, 진보적인 요소를 옅게 가미한 독재 체제'로 규정하는 경우가 있다.

이 지적에 관해 초대 대통령인 자이드 빈 술탄 알 나흐얀은 "우리의 정부 체제는 우리 고유의 종교에 기반을 둔 체제이며 국민이 원하는 것"이라고 언급한 바 있다. 쉽게 말해 여러 토후국이 힘을 합쳐 국가를 잘 통치하고 있으니 간섭하지 말라는 것이다.

'전세계 0.1% 엄친아' 두바이 왕세자 함단 빈 무함마드 알 막툼

드라마를 보다 보면 이런저런 '사기 캐릭터'를 볼 때가 있다. 줄여서 '사기캐'라고 부르는 이들은 조각 같은 외모에 엄친아 급 학력과 부귀한 재력까지 모두 갖춘 자를 일컫는다. 현실 세계에도 이런 사기캐가 있다.

런던정경대 출신에 잘생긴 외모와 키를 보유하고, 가족 재산이 20조 원을 넘고, 아시안게임 금메달까지 딴 만능 스포츠맨에 1,000만 명 이상의 인스타그램 팔로워를 보유한 두바이의 왕세자 '셰이크 함단 빈 무함마드 알 막툼'이 이런 경우다. 그는 현재 아랍에미리트 부통령이자 두바이 왕인 셰이크 무함마드 빈 라시드 알 막툼 밑에서 왕세자 교육을 받고 있다. 인스타그램에서 그의 별명은 '파자*Fazza*'인데 아랍어로 '돕는 사람'이란 뜻이다.

아랍 세계에서 돈, 명예, 권력, 외모까지 갖춘 그의 인기는 상상을 초월한다. 한국에서도 '아랍 장동건', '만수르 처남' 등으로 유명세를 탔다. 2019년 친척의 병문안을 위해 우리나라에 방문하기도 했다. 아버지와 본인 등 가족의 순자산이 약 200억 달러(23조 원)로 추산되지만 미공개 자산과 각종 특권 등을 포함하면 훨씬 더 많다고 봐야 한다. 게다가 그는 국내에 '만수르'로 알려진 아부다비 부총리 셰이크 만수르 빈 자이드 알 나흐얀의 처남이기도 하다.

● 매사냥, 승마, 스킨스쿠버, 경비행기 조종 등 각종 액티비티를 즐기는 함단 왕세자의 모습

　　모든 걸 갖췄으면서도 부를 과시하지 않고 일반인이 접하기 힘든 다
채로운 사생활을 공개하는 그의 SNS 계정은 아직 국제 정치 무대에
발을 들여놓지 않은 그를 글로벌 스타로 만드는 데 일등 공신이다. 그의
인스타그램 계정에는 재력을 과시한다기보다 매사냥, 승마, 번지점프,
경비행기 조종, 클라이밍 등 가지각색 스포츠 경험이 주로 올라온다. 승
마는 2006년 도하 아시안게임에서 금메달을 목에 걸 정도로 실력자다.

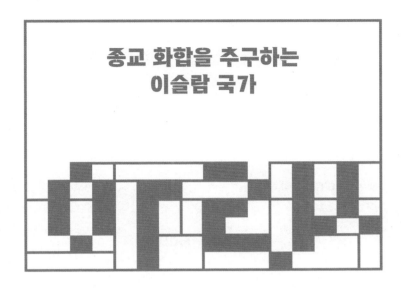

종교 화합을 추구하는
이슬람 국가

아랍에미리트는 이슬람교를 국교로 하는 나라지만, 다양한 종교가 공존하며 종교 간 화합을 추구하는 독특한 사회를 형성하고 있다. 아랍에미리트의 인구 구성과 종교 정책을 통해 이 나라에서 이슬람교와 타 종교가 어떻게 공존하는지를 살펴보도록 하자.

다양한 종교가 공존하는 나라

이슬람교를 따르는 무슬림은 크게 수니파*Sunni*와 시아파*Shia*로 나뉜다. 전 세계 18억 무슬림 중 약 85%가 수니파이고 15%

가 시아파이다. 이중 아랍에미리트는 수니파가 90%를 넘는다.

이슬람교가 국교로서 사회 전반에 깊이 뿌리내리고 있으나 특정 지역에서는 비이슬람 종교 활동도 허용한다. 예를 들어 아부다비와 두바이에는 외국 종교 지역이 있어 기독교와 힌두교 등 타 종교 신자들이 자유롭게 종교 활동을 할 수 있다. 한국 개신교 교회도 있어 한국 교민들도 주말마다 본인의 신앙생활을 하고 있다.

수니파와 시아파

수니파와 시아파라는 이슬람 종파 간의 차이는 아들이 없던 무함마드의 계승자를 누구로 보느냐에 따라서 나뉜다.

632년 선지자 무함마드가 외동딸 파티마를 남기고 후계자를 정하지 않은 채 숨을 거두었다. 그 후 무함마드의 유일한 혈통인 사촌 동생 알리가 파티마와 결혼하여 무함마드의 사위가 되었다. 여기서부터 이슬람교의 종파가 갈리게 된다.

다수인 수니파는 선출된 칼리파(대표자)가 무함마드의 후계를 이을 수 있다고 보았지만, 소수인 시아파는 무함마드의 사촌이자 사위인 알리를 계승자로 여겼다. 즉 지도자 계승 문제로 종파가 갈린 것이다.

현재 아랍에서 수니파의 큰형님 국가는 사우디아라비아이며 튀르키예, 카타르 등을 포함한 다수의 무슬림 국가가 수니파에 속한다. 시아파의 큰형님 국가는 이란이며 이라크, 바레인이 시아파 국가에 속한다.

아랍에미리트의 사회와 문화, 일상생활 전반에 큰 영향을 미치는 이슬람교는 개인의 정체성에도 중요한 요소로 작용한다. 이슬람 사람들은 어려서부터 경전인 꾸란을 읽고 이슬람 율법을 배우며 성장한다. 이슬람력 12월에는 이슬람 최고의 성지인 '메카'로 성지순례(핫지)를 다녀오며, 이슬람력 9월 라마단 기간에는 일출 후부터 일몰 전까지 금식하고, 라마단 종료 후 3일간은 이드 알피트르를 통해 친지와 이웃을 방문하며 축하한다.

이처럼 이슬람교는 단순한 신앙 체계를 넘어 사회생활 전반에 합일된 생활양식으로 자리 잡았다. 그러나 아랍에미리트는 사우디아라비아나 이란에 비해 종교 관련 규제가 완화되어 있어 비교적 자유로운 종교 활동이 가능하다.

무엇보다 아랍에미리트의 외국인 비율이 90%에 육박하는데 극단적인 이슬람이 횡행한다면 모두의 배척을 받고 외국인들의 이탈로 이어질 가능성이 있다. 이는 경제에 악영향을 끼칠 것이 자명하므로 정부가 직접 나서서 극단적인 이슬람 운동을 배척하고 종교 간의 다름을 허용하고 있는 것이다.

2007년에는 아랍에미리트와 교황청 간에 외교 관계가 수립되었으며, 2008년 두바이 정부는 시아파를 위해 두바이에 이스마일 센터Ismaili Centre를 건립하도록 지원했다. 2017년에는 루브나 알 까시미 관용 담당 특임장관이 교황청을 방문해 프란치스코 교황을 예방하는 등 종교 간 대화를 지속하고 있다.

2019년 프란치스코 교황이 아부다비를 방문한 일은 특히 주목할 만하다. 당시 교황은 아흐메드 알 타예브 *Ahmed El-Tayeb* 알아즈하르 대이맘(이집트 수니파 최고 종교 지도자)과 함께 종교 극단주의에 반대하는 인류 형제애 공동선언문에 서명하고 종교 간 이해와 협력을 도모했다. 이는 역대 교황 가운데 아라비아반도를 최초로 방문한 사례로 아랍에미리트의 종교 화합 노력을 세계적으로 알리는 계기가 되었다.

종교 화합의 상징, 아브라함 패밀리 하우스

아랍에미리트의 종교 화합 노력은 아부다비 사디얏 섬에 세워진 '아브라함 패밀리 하우스 *Abraham Family House*'로도 알 수 있다. 2023년 완공해 문을 연 이곳에는 모스크와 성당, 유대교 예배당이 함께 자리해 있다.

아브라함 패밀리 하우스는 세계적인 건축가인 데이비드 아자예 *David Adjaye*가 설계했으며 모스크, 교회, 유대교 예배당이 지닌 각각의 특성을 반영해 독립된 건물로 지었다. 하나의 단지 안에 있는 이 세 건물은 서로 조화를 이루면서 각자의 독특한 디자인과 상징성을 지닌다.

● 아브라함 패밀리 하우스

　모스크는 전통적인 이슬람 건축 양식을 반영하면서도 현대
적인 요소를 가미한 디자인이며, 교회는 기독교의 전통과 아랍
에미리트의 현대적인 건축 양식을 조화롭게 결합한 모습이다.
유대교 예배당은 유대교의 전통적인 건축 요소를 현대적으로
재해석하여 설계했다.

　아브라함 패밀리 하우스는 종교 간의 대화를 촉진하고 종
교적 극단주의를 배격하며 세계 평화를 위한 상징적인 장소
로 자리매김했다. 아랍에미리트의 지속적인 종교 화합 노력은
앞으로도 계속되어 종교 간 이해와 협력을 더욱 도모할 것으
로 기대된다.

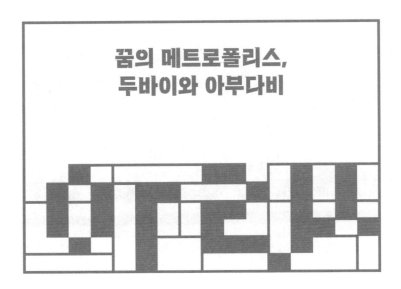

꿈의 메트로폴리스,
두바이와 아부다비

중동의 뉴욕, 두바이

우리에게는 아랍에미리트의 수도인 아부다비보다 두바이
가 더 많이 알려진 편이다. 세계 최대 규모의 에미레이트 항공,
세계 최고 높이인 부르즈 할리파*Burj Khalifa* 건물, 야자수 모양
인공섬인 팜 주메이라 *Palm Jumeirah* 등이 모두 두바이에 있다.

아랍어로 '메뚜기'라는 뜻의 두바이*Dubai*는 아랍에미리트에
서 두 번째로 큰 토후국으로 걸프 지역의 무역, 교통, 관광, 금
융의 중심지다. 그래서 별명도 '중동의 뉴욕'이다.

두바이는 중동·북아프리카와 유럽을 잇는 지리적 이점을
활용해 관광과 교통, 부동산 개발을 결합한 경제발전 모델을

● 두바이 시내 전경

만들어 2009년 경제위기 이전까지 높은 경제성장을 거두었다.
2020년 코로나19 팬데믹 시기에는 심각한 경제 침체를 겪었
지만, 이후 경제회복에 성공해 뚜렷한 상승세를 보이고 있다.
우크라이나-러시아 전쟁, 팔레스타인-이스라엘 전쟁 때도 상
대적으로 안전한 투자 지역으로 알려져 반사이익을 보고 있다.

잘 알려지지 않은 사실 중 하나가 두바이는 석유 생산량이
매우 적다는 점이다. 아랍에미리트 전체의 2% 수준이니 없는
것이나 다름없다(아랍에미리트의 석유 생산은 90% 이상이 아부다비
에서 이루어진다). 두바이는 석유 산업이 아니라 물류와 항공, 금
융, 관광과 부동산 등 서비스 산업으로 돌아가는 경제다.

두바이는 인공미가 넘치는 도시라고 볼 수 있다. '세계 최

고', '세계 최대' 타이틀을 가진 두바이의 여러 건축물을 보면서 어떤 이는 '저거 유지하려면 돈이 얼마나 들까? 남는 게 있긴 할까?' 하는 생각이 먼저 들 테지만, 두바이는 수입보다는 유명 건축물이 가져올 총체적 부가가치, 즉 관광객 유치를 통한 항공과 호텔 수입, 소비 지출의 증대 등 거시적 경제 효과를 바라보고 있다.

에미리트의 큰 형님, 아부다비

아부다비는 아랍에미리트 전체 면적의 85%를 차지하며, 세계 7위의 석유 생산량을 자랑하는 최대 토후국이다. 아부다비는 아랍어로 '사슴의 아버지'를 뜻한다. 아부Abu는 '아버지', 다비Dhabi는 '사슴'을 의미한다.

석유 수출의 대부분을 담당하는 덕분에 아부다비는 토후국 중에서도 가장 부유하다. 아부다비 1인당 GDP는 10만 달러를 넘으며, 인근 국가인 카타르와 함께 세계 최고 소득 수준을 자랑한다. 특히 인구의 90%를 차지하는 외국인 근로자를 제외할 경우 현지인 국적자의 1인당 GDP는 더욱 높을 것으로 추정된다.

아부다비의 경제 구조는 두바이와는 차이가 크다. 아부다비는 석유와 가스 자원에서 나오는 막대한 고정 수입으로 연방

● 아부다비 다운타운 전경

정부 예산과 아부다비 정부의 세입을 충당한다. 그러고도 남는 수입은 국부펀드에 맡겨 미래를 대비한 자산으로 운용하고 있다.

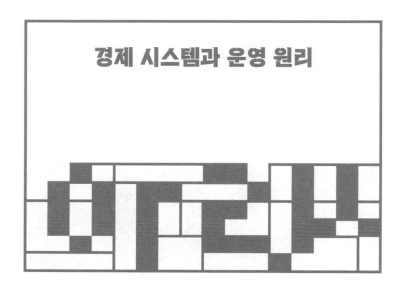

경제 시스템과 운영 원리

아랍에미리트 연방정부는 원활하게 기능하고 있다. 하지만 경제적으로 보면 아부다비와 두바이는 상호 교차 투자보다는 각자의 시스템에 따라 독자적으로 운영된다고 볼 수 있다.

즉 두바이 경제는 다양한 계열사를 거느린 국영기업들이 보유한 부동산의 개발 수익과 이를 바탕으로 창출하는 수익으로 운영되는 반면 아부다비는 석유 등 에너지 자원에서 나오는 확실한 수익으로 국가 개발과 산업화를 추구하고 있다.

경쟁과 협력으로 굴러가는 아랍에미리트 경제

보통 두바이는 진취적이고 개방적이라 평가하고 아부다비는 보수적이고 전통 가치를 중요시한다고 말한다. 하지만 최근에는 하나의 연방국로서 비슷한 점이 점점 많아지고 있으며, 경쟁할 때 경쟁하고 협력할 때는 협력하면서 시너지를 내고 있다.

이와 같은 경쟁과 협력 관계는 아랍에미리트의 발전을 이끄는 중요한 요소다. 예를 들어 항공사의 경우 아부다비와 두바이는 서로 다른 국영 항공사를 두고 있다. 아부다비의 국영 항공사는 설립한 에티하드 항공*Etihad Airways*이고, 두바이의 국영 항공사는 에미레이트 항공*Emirates Airline*이다. 두 항공사 모두 카타르의 카타르 항공*Qatar Airways*과 더불어 '중동 빅3'에 들어가는 규모를 자랑하며 한해 수백만 명의 승객을 나르고 있다.

두바이가 2009년 글로벌 금융위기 때 모라토리엄(국가 부도) 위기에 처하자 약 32조 원을 지원하며 두바이를 도와준 것도 큰 형님인 아부다비였다. 덕분에 두바이는 위기에서 벗어날 수 있었다. 그 고마움으로 두바이는 당시 짓고 있던 세계 최대 높이 빌딩의 이름을 '부르즈 두바이'에서 아부다비 왕이자 아랍에미리트 대통령의 이름을 기려 '부르즈 할리파'로 명명했다.

이처럼 수도인 아부다비와 물류의 중심지인 두바이는 여러 분야에서 상호 협력하고 한편으로는 경쟁하면서 아랍에미리트의 경제 발전을 주도해 나가고 있다.

아부다비 두바이 비교

항목	두바이	아부다비
인구	약 350만 명	약 150만 명
면적	약 3,885㎢	67,340㎢
특징	경제 중심지, 관광 명소, 고층 빌딩 및 쇼핑몰	석유 및 가스 생산의 중심지, 가장 부유한 에미리트
주요 산업	관광, 부동산, 금융, 무역	석유 및 가스, 공공 서비스
경제구조	다양한 계열사와 국영기업 중심, 부동산 개발 및 관광 수익	에너지 자원 중심, 석유와 가스 수입으로 경제 운영
1인당 GDP	약 4만 달러	10만 달러 이상
성향	진취적, 개방적	보수적, 전통적
랜드마크	부르즈 할리파, 두바이 몰, 팜 주메이라	셰이크 자이드 그랜드 모스크, 루브르 아부다비

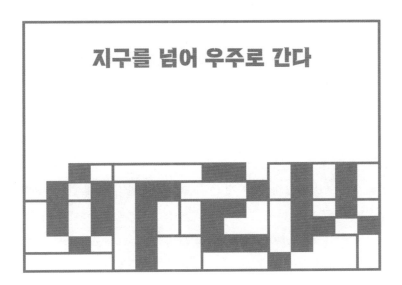

지구를 넘어 우주로 간다

아랍에미리트의 우주 굴기

중동에서 항공우주산업이 가장 발전된 나라를 꼽으라면 아랍에미리트일 것이다. 아랍에미리트는 그 어느 때보다도 과감하게 우주 탐사를 이어가며 전 세계 이목을 집중시키고 있다.

2021년 중동 국가로는 최초로 화성탐사선 '아말Hope'을 화성 궤도에 안착시켰다. 이후에는 달 탐사, 소행성 탐사, 화성 거주 계획까지 거침없이 추진하며 그 자신감을 드러내고 있다.

2006년 두바이에 설립된 '무함마드 빈 라시드 우주센터 *MBRSC*'와 2014년에 설립된 'UAE 우주청'은 아랍에미리트의 우주 개발을 총괄하고 있다. 그리고 이와 같은 우주 개발을 시작한 지 불과 15년 만에 아랍에미리트는 화성에 도착했다. 이는 아랍에미리트가 우주 개발 기술을 전수받기 위해 한국 카이스트*KAIST*와의 지식 교류 프로그램을 적극 활용한 덕분이다. 아메르 알 사예흐*Amer Al Sayegh*와 옴란 샤라프*Omran Sharaf* 등 우주 개발의 초기 주역들은 대부분 한국에서 유학하며 기술을 습득했다. 이들은 아랍에미리트 최초의 인공위성 '두바이샛 1호'를 개발하며 우주 개발의 기틀을 마련했다. 기술은 한국이 전수했지만 성과는 아랍에미리트가 먼저 낸 셈이다.

아랍에미리트는 2018년 첫 번째 자체 개발 위성인 '칼리파샛*KhalifaSat*'을 발사했고, 2019년에는 첫 우주인을 배출했다. 두 번째 자체 개발 위성인 'MBZ 샛*MBZ Sat*'도 발사했다. 달 탐사 로버 '라시드*Rashid*'를 달에 착륙시킨다는 계획도 세웠다. 라시드는 아랍에미리트가 모든 부품을 자력으로 만든 첫 번째 달 탐사 로버로 달 표면의 먼지 등을 수집해 분석할 계획이다.

아랍에미리트는 대규모 소행성 탐사 계획도 세우고 있다. 2028년부터 2033년까지 화성과 목성 사이에 있는 소행성 7개를 탐사할 예정이며, 최종 목표는 소행성 착륙이다.

● 일본 가고시마현 다네가시마 우주센터
에서 아랍에미리트 화성 탐사선 '아말(희망)'
을 탑재한 H-2A 로켓이 발사되고 있다

● 아랍에미리트 화성 탐사선 프로젝트
책임자인 옴란 샤라프

화성 거주 계획과 지구 문제 해결

아랍에미리트의 가장 큰 목표는 2117년까지 화성에 도시를
건설하는 것이다. 이를 위해 사막에 화성을 구현한 '화성 과학
도시*Mars Science City*'를 구상하고 있다. 이 프로젝트는 단순히
화성에 거주하는 것을 목표로 하지 않는다. 지구와 다른 조건
에서의 생활 환경을 연구함으로써 지구 문제 해결에도 기여할
방안을 모색하고 있다. 새로운 식량 생산 방법, 대기 유지 조
건, 토양과 물의 공급 방법 등을 연구하는 과정에서 지구 환경
문제에 대한 해결책을 함께 도출하려는 것이다.

아랍에미리트의 모든 우주 탐사 계획은 석유산업 의존도에서 벗어나 경제적 파급 효과를 가져올 다른 성장 동력을 찾는 데 초점이 맞추어져 있다. 지금은 정부 주도로 이루어지고 있지만 점차 민간기업으로 파생되는 생태계를 마련하고 있으며, 각 프로젝트에 민간기업의 참여를 확대하고 있다. 이를 통해 얻은 데이터와 정보는 각 기업의 제품과 서비스가 연계되는 기반이 될 예정이다.

젊은 인재 육성에도 적극적이다. 우주 프로젝트와 정책을 총괄하는 초대 첨단과학기술부 장관 겸 우주청장인 사라 알 아미리는 30대 여성이었다. 또한 두바이 우주센터 직원들의 평균 연령은 28~29세로 젊은 인재들이 중심을 이루고 있다. 특히 여성 인력 채용을 적극 권장하고 있다. 우주센터 전체 구성원의 약 45%가 여성이며, 연구팀의 경우 70% 이상이 여성이다. 이러한 인력 구조는 우주 개발을 더 지속 가능하게 하고 있다.

인구 950만 명의 작은 국가인 아랍에미리트의 '큰' 우주에 대한 도전은 전통적인 우주 강국이 주도하는 우주 시대에서 다양한 국가가 참여하는 새로운 우주 시대의 가능성을 보여준다. 아랍에미리트는 이러한 노력을 통해 우주 탐사의 선두 주자로 자리매김하기를 바라고 있다.

급성장하는
아랍에미리트의 AI 산업

아랍에미리트는 인공지능 기술을 미래 산업 성장의 핵심 요소로 두고 AI 산업 발전을 정부의 최우선 과제로 삼고 있다. PwC에 따르면, 2030년까지 AI 산업은 아랍에미리트 GDP의 약 13.6%를 차지할 것으로 예상되며, 2018년부터 2030년까지 AI 산업의 경제 기여도는 연평균 33.5%씩 성장할 것으로 전망된다. 이는 중동 지역 내에서 가장 높은 성장률이다.

AI 산업의 주요 기술 중 하나는 머신러닝이다. AI가 많은 데이터를 학습해 스스로 개선하는 기술인 머신러닝은 2030년까지 아랍에미리트 AI 시장의 중요한 동력이 될 것으로 보인다. 또한 AI가 사람의 언어를 이해하고 처리하는 기술인 자연어 처리[NLP] 분야도 2020년부터 꾸준히 성장하고 있으며, 앞으로 언어 기반 AI에 대한 수요가 증가함에 따라 더욱 발전할 것으로 기대된다.

AI를 활용해 로봇이 스스로 학습하고 문제를 해결할 수 있도록 하는 AI 로보틱스 역시 산업 자동화와 스마트 제조 공정의 증가로 매우 유망해 보인다. AI를 활용한 자율주행 기술 역시 큰 성장을 이룰 것으로 전망한다. 아랍에미리트 국가 차원에서도 AI에 능통한 인재를 잡기 위해 높은 연봉과 혜택을 제시하며 스카우트에 열을 올리고 있다. 아랍에미리트 진출을 꿈꾸는 한국인이라면 염두에 두길 바란다.

아랍에미리트 연방정부는 2017년 'UAE 국가 AI 전략 2031*UAE National Strategy for AI 2031*'을 발표하여 2031년까지 AI 분야에서 세계적인 리더로 발돋움하겠다는 목표를 세웠다. 이 전략은 2071년까지 아랍에미리트를 세계 최고의 국가로 만들겠다는 'UAE 100주년 2071*UAE Centennial 2071*'과 맞물려 있으며, AI 기술을 통해 교육, 경제, 정부 발전 및 지역사회 행복에 기여하는 것을 목표로 하고 있다. 아랍에미리트 연방정부가 AI 발전 우선순위로 선별한 산업 분야는 에너지, 물류 및 운송, 관광, 헬스케어, 사이버 보안이다.

아랍에미리트 AI 산업의 급성장은 미국과의 협력 강화로 더욱 가속화될 전망이다. 예컨대 미국 마이크로소프트사는 아랍에미리트와 15억 달러 규모의 지분을 투자하는 협약을 맺었다. 이 과정에서 한국과의 AI 협력도 확대될 가능성이 크다. 울산과학기술원*UNIST*은 아부다비 국영 석유회사*UAE ADNOC*와 전략적 협력 협정을 맺었으며, 현재 AI를 접목한 정유 및 석유화학 공정 탈탄소 최적화 시스템 공동 개발 프로젝트를 추진하고 있다.

아랍에미리트는 미국 연방정부 기관에도 AI 진출을 공언한 상태다. 반도체 분야 협력뿐만 아니라 아랍에미리트가 가진 각종 에너지, 인프라, 생활 영역에서의 발전 가능성이 높을 것으로 예상된다. 더불어 우리나라와 협력하고 있는 수소, 신재생에너지, 모빌리티(자율주행), 스마트팜(농업), 보건의료, 항공우주 산업 관련 AI 기술의 협력 또한 기대된다.

함께 생각하고 토론하기

아랍에미리트는 도시명으로 더 잘 알려진 국가입니다. 사람들이 이곳에 여행을 오면 국가명 대신 '두바이'나 '아부다비' 같은 도시명으로 목적지를 이야기하는 경우가 많습니다. 이는 두바이와 아부다비가 아랍에미리트에서 차지하는 비중이 그만큼 크기 때문이죠.

● 두바이나 아부다비 같은 특정 도시가 세계적으로 유명해진 이유는 무엇일까요? 이들 도시는 어떻게 글로벌한 명성을 얻게 되었고, 도시가 국가보다 더 널리 알려지게 된 배경에는 어떤 요소들이 있는지 알아봅시다. 예를 들어 경제적 성공, 건축물, 관광 산업, 미디어 등의 요인이 어떻게 도시의 인식을 높이는 데 기여했는지 생각해 봅시다.

●● 한 도시가 국가의 정체성을 대변하는 것이 과연 올바른 방식일까요? 예를 들어 서울이 대한민국 전체를 대표하는 이미지로 인식될 때 소외된 지방들은 지역 문화와 정체성이 충분히 반영되지 않을 수 있습니다. 이에 대해 생각하고 토론해 봅시다.

2부

아랍에미리트
사람들의
이모저모

"먼 길을 떠나기 전 동반할 친구를 선택하라."

– 아랍 속담

친화력 좋고 자존심 강한 에미라티들

"빨리 갑시다! 얄라 얄라!"

성격 급한 한국인이 많이 쓰는 말은 무엇일까? 아마 "빨리 빨리"일 것이다. 재밌는 것은 아랍에미리트에서도 이 말을 자주 들을 수 있다는 것이다. 아랍어로 '빨리빨리'를 "얄라 얄라 *Yalla Yalla*"라고 한다. 줄이 길게 늘어섰는데 앞사람이 꾸물거릴 때도 "얄라 얄라", 비행기에서 내릴 때도 "얄라 얄라", 밥 먹으러 갈 때도 "얄라 얄라"라고 한다. 그렇다면 얄라 얄라가 아랍에미리트 사람들을 대표하는 모습일까?

아랍에미리트 현지인들을 에미라티*Emirati*라고 부른다. 이들은 대부분 친화력이 좋고 인정이 많지만, 자존심이 강하고 개

● 에미라티들

인적 이해관계가 개입되면 쉽게 양보하지 않는 편이다. 체면과 품위, 명예를 중시하며, 대체로 순박하고 성격이 느긋하다. 이 는 '조급하게 굴지 말라'는 꾸란의 계율에 따라 일을 서두르는 것을 믿음이 없는 사람의 경박한 행위로 간주하기 때문이다.

사실 보통 "얄라 얄라"라고 외치면서 서두르는 사람은 대 부분 다른 국가에서 온 외국인인 경우가 많다. 외국인 비율이 90% 가까이 되다 보니 생기는 현상이다.

아랍에미리트 사람들은 혈연·가족 관계 및 체면·명예를 중 시하며 외형이 내면을 규정한다고 여겨 재산 및 부계 혈통을 과시하려고 노력한다. 혼인 시에도 개인의 성격이나 능력보다 가계와 혈통을 중요하게 고려한다. 혼인은 가문과 가문의 만남 이라는 인식이 강한 사회다.

가족을 중시하는 민족

아랍에미리트는 가부장적인 사회다. 가족의 의사결정권자는 주로 아버지이며 아버지의 지도 아래 가족이 하나로 뭉친다. 친인척간 우애와 협력을 중요시하며, 부모는 자식에 대해 무한한 책임을 지고 자식은 부모에게 복종하는 걸 당연하게 여긴다.

또한 가문이나 가족을 향한 의리가 우정에 우선하며, 동일 가문 내에서도 친형제와의 우애를 친척간 유대감보다 중요시한다. 우리나라도 가족과 혈연을 중시하지만 아랍에미리트가 조금 더 이러한 경향이 강하다.

가족 중시 성향에 따른 단점도 있다. 바깥 외부인, 특히 외국인이라면 에미라티들의 모임에 초대받는 것 자체가 쉽지 않다. 에미라티 간에도 가문마다 성향이 다르며, 중요한 정보를 교류한다거나 친선을 맺는 것 자체가 주로 같은 가문 내에서 이루어진다. 이러한 폐쇄적인 성향 때문에 외부인과의 관계 형성이 어렵다. 최근에는 사회가 점차 개방적으로 변하고 있지만, 그렇기 때문에 외국인들이 보기에 에미라티들의 태도는 다소 고압적으로 느껴질 때가 있다. 자신들의 전통과 가문 중심의 문화를 강하게 지키려는 태도가 외국인들에게는 폐쇄성과 배타성으로 느껴지는 것이다.

인구 구성의 변화

1960년대 10만 명에 불과하던 아랍에미리트 인구는 외국인 노동력의 유입에 따라 2023년 950만 명으로 급증했다. 현재 200여 개 국가에서 온 사람들로 구성되어 있으며, 이 중 토착 에미리트인은 100만 명 수준으로 파악된다.

인도, 이란, 파키스탄, 필리핀 등 아시아계 노동자가 50%를 차지하고, 이집트, 시리아, 아프리카 등 비非 에미리트계 아랍인이 23%, 유럽계 서양인이 8%를 차지한다. 연령별로는 15~64세가 전체 인구의 70%를 차지하며, 남녀 성비는 2:1로 이는 대부분의 노동력이 남성인 데서 기인한다.

아랍에미리트 사회는 국적이나 직업에 따라 사회적 지위가 계층화되어 있다. 베두인*Bedouin*족•으로 불리는 토착 에미리트인은 출생 시부터 왕족과 일반 시민으로 분류되어 있다. 이 중 왕족 등 상류층 가문이 아랍에미리트의 권력과 경제권을 장악한다.

아랍에미리트 태생이 아닌 아랍인은 주로 일자리를 찾아 이

• '사막의 거주자'를 뜻하는 아랍어 **badawī**에서 유래되었다. 아라비아반도 및 중동 지역에서 씨족 사회를 형성하며 유목 생활을 하는 아랍인을 말한다. 전 세계적으로 2,000만 명이 살고 있으며 아랍에미리트 에미라티의 대부분을 차지하고 있다. 민족명이 사람을 연상시키는 인(人)으로 끝나기 때문에 '베두+인'으로 착각하기 쉽지만 '베두인' 자체가 한 단어다.

집트, 요르단, 바레논 등 주변국에서 온 사람들이다. 전문직에 종사하는 사람이 늘고는 있으나 서양인보다 급여가 적고 인정을 덜 받고 있다. 그밖에 동남아시아계 이주노동자는 주로 단순 노무에 종사하며, 영어 구사 능력이 있으면 택시 운전사나 상점 점원으로 취업할 수 있다.

반면 영미권 출신의 서양인은 석유 관련 직종, 영어 교육, 의료업 등에 종사하며 풍요로운 생활을 영위한다. 이들은 주로 두바이 중심가에 거주하며 자신과 비슷한 사람들로 이루어진 커뮤니티 안에 머무는 것을 선호한다.

에미라티제이션

최근 아랍에미리트 정부는 외국인 인력 규모를 경제발전에 필요한 최소한의 범위로 유지하고, 민간 부문에서의 내국인 고용 확대 정책을 추진하고 있다. 이를 '에미라티제이션 *Emiratisation*'이라고 부른다. 이에 따라 2016년 2월 '인적자원자국민화부*Ministry of Human Resources and Emiratisation*'를 신설하는 등 국가가 자국민 청년의 취업 방안을 적극적으로 모색하고 있다. 2021년부터는 '에미라티 재능경쟁력위원회*Emirati Talent Competitiveness Council*'를 두고 자국민 청년 취업 교육, 민간기업 취업 장려 등을 위한 프로그램을 운영하고 있다.

2023년부터는 의무 고용 제도를 시행하고 있다. 50인 이상 규모의 민간기업은 고용 인력의 2%를 현지 에미라티로 채용해야 하고 20~49명의 직원을 둔 회사는 최소 1명을 고용해야 한다. 목표를 지키지 못하면 에미라티 인당 수천만 원 상당의 벌금이 매년 부과된다. 아랍에미리트에 진출하려는 기업이라면 꼭 알아야 할 정책이다.

한국인은 아랍에미리트에서 무엇을 할까?

한국인들은 아랍에미리트의 경제 및 사회 발전에 중요한 역할을 하고 있다. 한국이 아랍에미리트에 관심을 두기 시작한 것은 1970년대 중동 건설 붐 때부터다. 현대건설과 동아건설을 비롯한 여러 한국 건설업체가 아부다비와 두바이에 진출하면서 수천 명의 한국 노동자들이 이곳에서 활약하기 시작했다.

그러나 1990년대 중동 건설 경기가 악화되면서 대부분의 한국 기업이 철수했고, 교민 수는 급감해 두바이를 중심으로 약 100여 명만이 거주하게 되었다. 이후 2001년 아랍에미리트가 관광 및 물류 산업 육성을 위해 무비자 제도를 도입하면서 한국인 진출이 다시 증가하기 시작했다.

현재 아랍에미리트에는 약 1만 명의 한국인이 거주하고 있으며, 주요 직업군은 건설 인력, 자영업자, 지상사 주재원, 항공사 관계자, 의료계 종사자 등이다. 최근에는 블록체인과 모빌리티, 인공지능 등 첨단 산업 인력들의 진출도 늘고 있다.

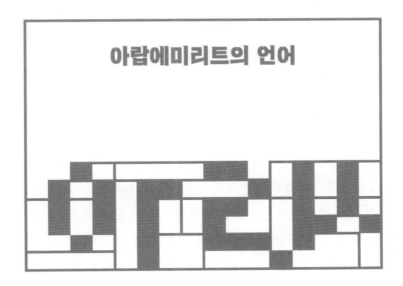

아랍에미리트의 언어

영어가 더 많이 쓰이는 나라

　아랍에미리트의 언어는 나라 이름에서도 드러나 있듯이 '아랍어'이다. 하지만 아랍에미리트에서 살다 보면 아랍어보다는 영어가 더 많이 들린다. 외국인이 차지하는 비중이 아주 높기 때문이다. 아랍에미리트에 거주하는 이 중 많은 이가 인도, 방글라데시, 파키스탄, 필리핀 등 아랍어를 사용하지 않는 제3세계 국가 출신이고, 정부 기관이나 기업에서 활동하는 유럽계와 미국 출신 외국인들 역시 아랍어가 아닌 영어로 소통하기 때문에 여기서 살다 보면 영어가 현지어고 아랍어가 보조 언어인 느낌마저 받을 수 있다. 아랍어를 전혀 몰라도 영어로 생활하는 데 아무런 문제가 없는 것이다.

표지판은 아랍어와 영어가 함께 병기되어 있으며, 광고판과 간판 역시 거의 영어로 쓰여 있다. 카페나 레스토랑에서 들리는 언어 역시 아랍어보다는 영어이고, 대학도 영어로 강의하는 수업이 많다.

이런 탓에 아랍에미리트 현지인이라도 영어를 잘 못하면 일상생활에서 불편을 겪곤 한다. 특히 서비스업계에 종사하는 많은 이가 필리핀이나 인도 출신인 만큼 영어를 못하면 음식 주문 같은 간단한 일조차 어려움에 처할 수 있다. 베이비시터 또한 대부분이 필리핀 출신이다 보니 영어를 모르면 아이 교육이나 건강 관리에 있어 의사소통이 어려울 수 있다.

이런 이유로 대부분의 아랍에미리트 사람들은 영어를 능숙하게 사용하는 편이며, 특히 교육 수준이 높은 젊은 층은 영어를 거의 완벽하게 구사한다.

미국 영어보다는 영국 영어

아랍에미리트에서는 미국식 영어보다는 영국식 영어가 주로 쓰인다. 1970년대 초반까지 영국의 지배를 받아 영국의 잔재가 많이 남아있기 때문이다.

아랍에미리트 왕가 통치자 중에는 어린 시절 영국으로 유학을 떠나 그곳의 사립학교와 옥스퍼드, 케임브리지 등 명문대를 졸업한 예가 많다. 예컨대 두바이 통치자인 무함마드 빈 라시드 알 막툼은 어릴 때 영국으로 건너가 사관학교에서 군사와 행정을 공부했다.

시내 곳곳에서도 영국식 영어의 흔적을 찾아볼 수 있다. 아랍에미리트의 큰 쇼핑몰 중 하나인 시티센터*city centre*는 철자를 쓸 때 미국식 영어인 *center*가 아닌 영국식 영어인 *centre*를 따른다. 운전면허증 같은 라이센스도 미국식 영어인 *License* 대신 영국식 영어인 *Lisence*로 표기된다. 소소하지만 알아두면 재미있는 차이다.

아랍어의 중요성

그럼에도 아랍어를 잘 구사할 수 있다면 아랍에미리트에서 지내기에 매우 유리하다. 한국에서도 외국인이 영어보다는 서툰 한국어로 말을 걸면 더 친근하게 여기듯이 여기 사람들도 마찬가지다. 마음을 여는 데 있어 현지 언어로 소통하는 것보다 좋은 수단은 없다.

영어로 대화하는 것에 익숙한 현지인이지만 외국인이 아랍어로 인사하려고 하면 매우 고마워한다. 보통 "살람 알라이쿰(당신에게 평화가 깃들기를)"이라고 하면, "와 알라이쿰 앗살람(당신 또한 평화가 깃들기를)"이라고 인사말을 건넬 것이다. 이 인사말은 얼굴을 맞대고 인사할 때뿐만 아니라 전화나 이메일에서도 사용한다.

게다가 아랍어를 구사할 수 있다면 아랍에미리트뿐 아니라 아랍권 전체의 사람들과 소통할 수 있는 특권을 얻는 것이나 다름없다. 아랍어 사용 인구는 전 세계적으로 3억 명이 넘는다. 영어, 중국어, 스페인어, 러시아어, 프랑스어와 함께 유엔의 공식 언어이기도 하다.

아랍어 익히기

표기법	발음	의미
Marhaba	마르하바	안녕하세요.
Maasalaamah	마살라마	안녕히 계세요.
Tasharaft bimaerifatak	타샤라프트 비메리파탁	만나서 반갑습니다.
Shukran	슈크란	부탁합니다/ 감사합니다
Na'am	남	네
La	라	아니오
Afwaan	아프완	미안합니다/ 실례합니다
Afwaan	마브룩	축하합니다.
Yallah	얄라	빨리(갑시다.)
Khalas	할라스	끝났습니다/됐습니다
Bikam haadha?	비캄 하다?	얼마예요?

아랍인의 이름이
길고 복잡한 이유는?

이곳에서 처음 부딪쳤던 어려움은 이름이 너무 길어서였다. 뭐가 성이고 뭐가 이름인지, 어떻게 불러야 하는지 헷갈리기만 했다.

아랍에서는 가족 이름을 쓸 때 아버지와 할아버지 이름을 같이 쓰거나 가족 관계를 상징하는 단어나 출신 지역명을 사용하는 경우가 많아 처음에는 복잡하게 들릴 수 있다. 하지만 따져보면 이름만 듣고서 그 사람의 배경이나 출신을 짐작할 수 있다는 장점도 있다.

이슴과 쿤야가 뭐길래

아랍인의 이름을 이해하려면 '이슴*Ism*'을 알아야 한다. 이슴은 민수, 영식, 서준처럼 개인의 이름이다. 남성에게 흔히 사용되는 이슴으로는 무함마드, 아흐마드, 카심, 아민, 아니스, 후세인, 하릴, 사미, 무스타파, 자키, 하산 등이 있으며, 여성의 이슴으로는 아말, 아이샤, 파티마, 자밀라, 카리마, 마리암, 루자인, 라이라 등이 있다.

공식적인 상황에서는 '쿤야' 형식이 사용된다. 가령 이븐은 '~의 아들'이란 뜻으로 '이븐 무하마드'는 '무하마드의 아들'을 의미한다. 전통이 깊은 가문에서는 선조의 이름을 수 세대에 걸쳐 나열하기도 한다. 공식 문서에서 남성의 이름은 보통 3대까지 기록하고, 아이가 태어날 때는 'A

의 아버지' 혹은 'A의 어머니'라는 의미로 쿤야를 붙인다. '아부 이스팍', '아부 자이드'란 이름에서 '아부^{Abu}'는 아랍어로 '아버지'란 뜻이다. 즉 '아부 자이드'는 '자이드의 아버지'라는 뜻이다. 어머니는 '움^{Umm}'이다. 이집트의 국민가수였던 움 쿨숨(1898~1975)은 '쿨숨의 어머니'란 의미다.

별칭과 풀네임 말해보기

여기에 별칭이 붙는다. 지명은 '니스바^{nisba}'라고 하는데, 만약 아흐마드 씨가 예루살렘 출신이라면 예루살렘의 아랍어 호칭인 '꾸드스'을 붙여 '아흐마드 알 꾸드시'라 부른다. 중세 이슬람의 유명한 지리학자인 '알 마끄리지'는 '마끄리즈 지역의 사람'이라는 뜻이고, 정치학자이자 철학자인 '알 바그다디'는 '바그다드 지역의 사람'이라는 뜻이다.

조상의 직업이 붙을 때도 있다. 캅바즈, 하자르, 하다드, 나자르, 사라프 등은 각각 빵장수, 석공, 대장장이, 목수, 환전상이란 뜻이 있다. 무협지에서 볼 수 있는 칭호가 붙을 때도 있다. 이를 '라카브'라고 하는데, '살라딘'으로 알려진 살라흐 앗 딘(신앙의 정의)부터 바드르 알람(세상을 비추는 보름달), 야민 앗 다울라(국가의 오른손), 사이프 알라(알라의 검) 등을 들 수 있다.

이제 이를 다 붙이면 된다. 만약 예루살렘 출신 아랍인 핫산이 국가적으로 큰 공헌을 세워 '샴스 앗 다울라'라는 별칭을 받았고 '무함마드'라는 아들을 낳았다. 그의 아버지 이름은 '후세인'이고 할아버지 이름은 '할릴'이다. 그렇다면 그의 전통적인 아랍식 이름은 '샴스 앗 다울라 아부 무함마드 핫산 이븐 후세인 이븐 할릴 알 꾸드시'가 된다.

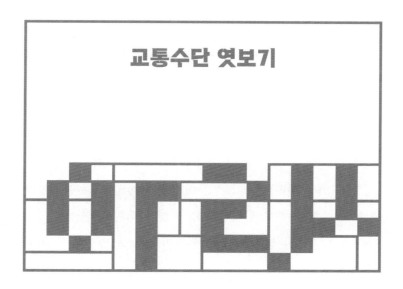

교통수단 엿보기

외국에 가면 불편한 것 중 하나가 낯선 교통수단이다. 사실 아랍에미리트의 대중교통 수단은 외부인에게 호의적이지 않은 편이다. 자동차가 없으면 목적지에 가기 쉽지 않다. 대중교통이 있기는 하지만 한국에 비해 촘촘하지 않다.

자동차

자동차는 현지인들이 가장 많이 이용하는 교통수단이다. 아랍에미리트는 은행 대출이 한국보다 쉬운 편이고 자동차 보험료 역시 저렴해서 자동차 구입이 비교적 수월하다. 산유국 특성상 기름값도 저렴하고 무엇보다 날씨가 더워 버스를 타러 걸어 다니기 힘들기 때문에 이곳 사람들은 대체로 차를 구입하여 이용한다.

우리나라로 치면 도로교통공단쯤 되는 두바이의 RTA*Roads and Transport Authority*와 아부다비의 DOT*Department Of Transport in Abu Dhabi*가 차량 등록 및 행정 절차 전반을 담당하고 있다.

일정 기간 이후 본국으로 돌아가는 외국인 노동자 인구가 많아 중고차 거래도 활발하다. 거리를 다니다 보면 오프라인 중고차 매장을 심심찮게 볼 수 있으며, 발품을 열심히 팔면 얼마 사용하지 않은 최신 외제 차를 합리적인 가격에 구매할 수 있다.

● 아랍에미리트 시내를 꽉 채운 차들

택시

택시는 두바이와 아부다비에서 보편적으로 이용되는 교통 수단이다. 택시회사에 소속된 택시가 대부분이며, 비교적 깨끗하고 에어컨과 미터기가 장착되어 있다. 인도, 파키스탄, 필리핀 노동자들이 운전하는 경우가 많은데, 기본적인 영어 소통 능력을 갖추고 있다.

대부분의 호텔 및 쇼핑몰에는 택시 승강장이 있다. 일반 택시보단 공항 택시가 10~20% 정도 비싼 편이고, 공항에서 목적지까지 30분 정도 걸린다고 할 때 대략 50~70디르함(약 1만 8,000~2만 5,000원)의 요금이 나온다. 고급 공유 택시인 카림*CAREEM*도 이용할 수 있다. 다만 일반 택시보다 30% 정도 비싸다.

● 현지 몰에 주차되어 있는 택시들

● 아랍에미리트 두바이 버스. 2층 버스
도 있다.

아랍에미리트 두바이에는 100여 개의 노선버스가 운행하고 있다. 대부분의 버스는 외국인 노동자들 또는 현지 문화를 체험해 보려는 관광객들이 이용한다. 에어컨 시설이 잘되어 있고 요금은 거리에 따라 약 3~5디르함 (약 1,000~1,800원)으로 비교적 저렴한 편이다. 버스 정류장에도 에어컨 시설이 있는 경우가 많다.

시외버스도 있는데, 대표적 노선인 두바이-아부다비행은 2시간 정도 소요되며 우리나라 돈으로 1만 원 정도의 요금이 든다. 이슬람 국가의 특성상 남녀 좌석이 구분되어 있다. 대체로 앞의 두 줄이 여자 전용석이다.

메트로

아랍에미리트 첫 메트로인 두바이 메트로는 현재 레드라인(두바이공항~제벨알리)과 그린라인(두바이 크릭 수로 주변 22km)

으로 구성되어 무인 자동 시스템으로 운행되고 있다. 일등칸인 골드 클래스 (3,000~6,000원)와 일반 칸 (1,000~2,000원)으로 나뉘는데, 출퇴근길의 일반 칸은 지옥같이 붐비는 반면 골드 클래스는 비교적 여유롭다.

● 메트로의 여성·유아 전용칸

메트로에는 여성·유아 전용칸이 있다. 재밌는 것은 객실 한 칸 전부를 여성 및 유아가 사용하는 것이

● 남자가 타면 100디르함 벌금을 낸다는 경고문

아니라 1-1부터 1-2 출입구까지는 여성 전용, 1-3부터 1-4는 남녀 혼성 칸 이런 식으로 되어 있다. 경계는 핑크색 라인으로 구분되는데, 성인 남자가 멋모르고 이 라인을 침범하면 무조건 벌금을 내야 하니 유의하도록 하자.

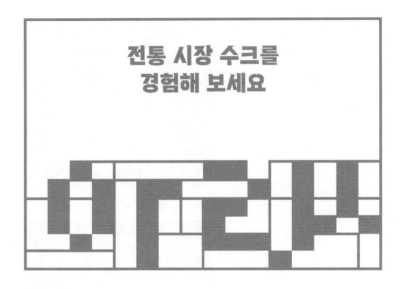

아랍에미리트 두바이가 럭셔리한 도시로 알려진 데는 아랍 전통시장인 '수크Souk'도 한몫한다. 수크는 아랍 지역에서 교역과 만남의 장소로 오랫동안 사용됐으며, 현재에도 두바이 구시가지에는 이러한 전통을 경험할 수 있는 수크들이 있다.

골드 수크

골드 수크Gold Souk에서는 다양한 금 장신구들을 볼 수 있다. 데이라Deira 지역에 있는 수크가 가장 유명한데, 들어서자마자

● 골드 수크

● 향신료 수크

● 텍스타일 수크

반짝이는 금제품들이 가득 진열된 모습에 눈이 휘둥그레질지도 모른다. 반지, 목걸이, 팔찌 등 다양한 금제품을 구경하고 구매할 수 있다. 가격 흥정도 가능하다. 근처 레스토랑에서는 금가루를 뿌린 금가루 커피도 판매하니 한 번쯤 들려 시간을 보내는 것은 어떨까.

향신료 수크

향신료 수크*Spice Souk*에서는 눈과 코를 즐겁게 하는 다양한 향신료와 허브, 말린 과일 등을 판매한다. 화려한 색감과 향기 속에서 두바이 특유의 식문화를 느낄 수 있다. 사프란, 카다몬, 커민 같은 각종 향신료 더미에 관심을 보이면 상인들이 나와 각 향신료에 관해 설명해 준다. 데이라 지역에 있으며, 골드 수크와 가까운 거리에 있다.

텍스타일 수크

데이라 옆 동네인 부르 두바이*Bur Dubai* 지역에 있는 텍스타일 수크*Textile Souk*에서는 다양한 패브릭, 비단, 자수 제품들을 만날 수 있다. 형형색색의 직물과 전통 의류들이 가득하며, 아랍 전통 의상인 '칸두라'나 '아바야'를 구입하거나 맞춤 제작할 수도 있다. 크릭을 따라 아브라*Abra*라고 불리는 작은 나룻배를 타고 텍스타일 수크를 방문하는 것은 색다른 경험이 될 것이다.

아랍에미리트 화폐 안에 한국이?

아랍에미리트의 공식 화폐는 '디르함*Dirham, AED*'이다. 디르함은 아랍어로 '은화'를 의미하며, 그 기원은 고대 그리스의 화폐인 '드라크마*Drachma*'에서 비롯됐다. 이 이름은 아랍 세계에 전해져 중세 이슬람 제국에서 널리 사용된 뒤 은화의 명칭으로 자리 잡았다.

1973년 아랍에미리트가 연방으로 재탄생한 이후, 기존에 사용되던 카타르-두바이 리얄을 대체하기 위해 디르함이 공식 화폐로 도입됐다. 1 디르함은 100필스*Fils*로 세분되며, 현재 유통되는 동전으로는 1, 5, 10, 25, 50필스와 1디르함이 있다. 지폐는 5, 10, 20, 50, 100, 200, 500, 1,000디르함으로 구성된다.

아랍에미리트는 1978년부터 고정 환율을 도입하여 미화 1달러가 3.6725디르함으로 고정되어 있다. 우리나라 원화와는 대체로 1디르함에 370~400원 선이다. 이런 이유로 한국에서 아랍에미리트에 갈 일이 있다면 원화보다는 미국 달러를 가져가서 현지에서 디르함으로 환전하는 것이 수수료 측면에서 이득이다.

디르함과 달러 환전은 공항이나 시내 곳곳에 있는 은행 및 환전소에서 가능하다. 주요 환전소로는 알 안사리 환전소*Al Ansari Exchange*, 알 파단 환전소*Al Fardan Exchange*, 알 로스타마니 환전소*Al Rostamani Exchange*가 있다.

● 50디르함 뒷면에는 1973년 아랍에미리트가 건국된 뒤 아부다비,두바이,샤르자 등 아랍에미리트를 구성하는 7개 토후국의 대표들이 깃발을 들고 있는 모습이 그려져 있다.

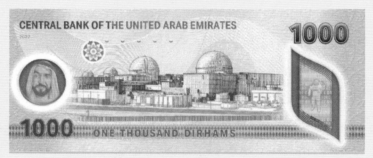

● 가장 고액권인 1,000디르함 뒷면 모습에는 한국이 수주해서 공사까지 모두 담당한 '바라카 원전'의 이미지가 있다.

2021년부터는 연방 회의에서 독립 50주년을 기념하여 신 시리즈 발행이 결정되었고, 플라스틱 재질의 폴리머 지폐로 교체됐다. 흥미로운 점은 가장 고액권인 1,000디르함의 뒷면인데, 우리나라에서 수주해 공사까지 모두 담당한 '바라카 원전*Barakah Nuclear Power Plant*'의 모습이 담겨 있다. 한국인으로서 뿌듯해지는 대목이 아닐 수 없다.

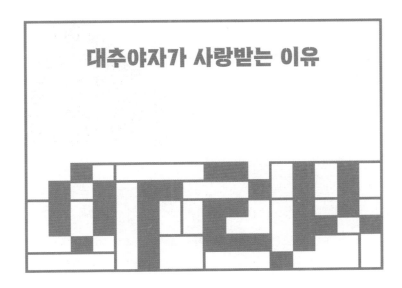

대추야자가 사랑받는 이유

아랍에미리트 왕자인 만수르가 즐겨 먹는 것으로 알려진 대추야자는 아랍 지역에서 가장 사랑받는 음식으로 간식 이상의 의미를 지니고 있다.

대추야자는 고대부터 사막에서 살아가는 사람들에게 부족한 식수를 보충하고 에너지를 공급해 주는 귀한 식량이었다. 사막 같은 열악한 환경에서 오랫동안 신선함을 유지할 수 있어 유목 생활에서 생존하는 데 꼭 필요하다.

대추야자는 영어로 '데이츠*Dates*'라고 부르며 기원전 수천 년 전부터 재배한 것으로 알려졌다. 뿌리를 깊게 내리기 때문에 아랍 지역 같은 건조한 환경에서도 잘 자란다.

대추야자 나무는 아랍 문화에서 풍요와 번영의 상징으로

여겨지며, 오아시스 지역에서 대추야자 나무를 재배하는 것은 물과 생명력을 의미한다. 열매가 익기까지 긴 시간이 필요하지만, 그만큼의 가치를 인정받고 있다.

● 대추나무

　보통은 여름철에 열매를 수확하여 햇볕에 말리거나 전통적인 방법으로 건조해 보관한다. 이렇게 만들어진 대추야자는 그냥 먹어도 맛있지만 꿀이나 견과류와 함께 재워 특별하게 즐길 수도 있다. 라마단 기간에는 하루 금식을 마친 후 첫 음식을 대추야자로 시작하는 것이 일반적인데, 이는 예언자 무함마드가 대추야자를 즐겼다는 전통에 따른 것이다. 대추야자는 그 자체로 풍부한 영양을 가지고 있어 피로 회복과 에너지 충전에 탁월하다.

　아랍에미리트를 방문한다면 커다랗고 맛난 대추야자를 꼭 맛보길 추천한다. 대추야자는 그저 흔한 달콤한 간식이 아니라 아랍 사람들의 전통과 역사 문화를 담고 있는 음식이다. 그들이 손님에게 대추야자를 건네는 것은 환영과 배려를 나타내는 상징적인 행동이므로 대추야자를 통해 이 지역의 따뜻한 마음을 느껴보는 것도 좋은 경험이 될 것이다.

술보다는 커피를 즐겨요

아랍에미리트는 이슬람 국가라서 음주에 대한 규제가 매우 엄격하다. 두바이나 아부다비와 같은 곳에서는 호텔, 지정된 레스토랑, 바에서 술을 마실 수 있지만, 공공장소에서 음주를 하거나 취한 상태로 돌아다니는 것은 법으로 엄격히 금지되어 있다. 원칙적으로 허가를 받은 주류 판매점에서만 술을 판매하며, 일반 슈퍼마켓이나 편의점에서는 술을 팔지 않는다.

반면 아랍에미리트에서 커피는 일상생활에서 매우 중요한 역할을 한다. 커피는 단순한 음료 이상의 의미를 가지며, 특히 전통 아랍 커피인 가와*Gahwa*는 손님을 맞이할 때 반드시 내오는 음료다. 커피를 대접하는 행위는 상대에 대한 존중과 환영의 표현이다. 이를 통해 우리는 그들의 따뜻한 환대 문화를 느낄 수 있다.

아랍에미리트의
교육 정책

아랍에미리트는 전체 인구 중 외국인의 비중이 90%에 이를 만큼 다국적 사회이지만, 이슬람 종교와 문화를 보전하고 석유 외의 산업을 육성하며 국가 발전에 필요한 인력을 양성하기 위해 교육에 투자를 강화하고 있다.

교육을 중요시하는 것은 성공한 나라의 특징이다. 아랍에미리트 역시 예외는 아니어서 교육을 '진정한 의미의 부'로 중시하고 석유 수출을 통해 축적된 부를 교육 부문에 집중적으로 투자하고 있다. 건국 100주년이 되는 2071년을 준비하기 위해 2017년에는 'UAE 100주년 2071*UAE Centennial 2071*' 비전을 수립하고, 미래지향적 교육의 중요성을 계속해서 강조하고 있다.

아랍에미리트 정부는 2022년 교육 시스템 개혁 로드맵을 발표했다. 변화하는 글로벌 시장에서 경쟁력 있는 인력을 육성하기 위해 교육 시스템의 혁신적 발전을 추구하기 위해서다. 학생의 성과와 교육 과정의 효율성을 측정하기 위해 교육 인증청도 설립했다.

아랍에미리트의 기본 학제는 유치원, 초등 4년제(6~9세), 중등 4년제(10~13세), 고등 5년제(14~18세), 대학교로 구성된다. 현지인이라면 남녀 모두 유치원부터 대학까지 모든 교육이 무상으로 이루어진다. 심지어 해외 유학까지 정부에서 지원한다.

아랍에미리트의 교육 중시 정책은 자이드 초대 대통령의 안목이 있었기에 가능했다. 교육의 중요성을 강조한 그는 1950년대 최초로 서구식 학교를 설립하고 외국인 교사를 고용하는 등 개방 정책을 실시했다. 그 후 가난한 나라에 불과했던 아랍에미리트는 오늘날 중동에서 가장 선진적인 나라가 됐다.

자이드 전 대통령은 초등학교에서 고등학교에 이르기까지 수업료, 교과서, 피복, 식사 등을 무료로 제공했으며, 특히 남성과 여성을 분리한 캠퍼스를 개설하여 국내뿐 아니라 중동 각지의 여성들이 아랍에미리트로 유학 오는 것을 선호하게 했다.

아랍에미리트는 해마다 막대한 예산을 교육에 쓰고 있다. 전체 연방 예산의 17~20%에 이른다. 그 결과 아랍에미리트의 기준 문맹률은 약 4%로 중동 지역 최저 수준이다. 초등학교의 교사 비율은 1:15로 최고 수준이며 고등학교까지 의무교육이다. 해외에 있는 대학에 진학할 경우 현지 교육비와 생활비를 보조하고 있다. 대학 진학을 원한다면 자금 걱정 없이 자유롭게 공부할 수 있는 환경이다.

공립학교와 사립학교

아랍에미리트의 학교는 공립학교와 사립학교로 나뉜다. 사립학교는 토후국별로 감독하고 있지만 교육과정은 아랍에미리트 교육부 *MOE, Ministry of Education* 로부터 학습 인가를 받아야 한다. 기본 학생 수와 학교 면적 등 관련 요건도 충족해야 한다.

초·중·고 커리큘럼을 보면 공립학교는 교육부 표준 교육과정인 MOE 커리큘럼을 따른다. 이에 따르면 아랍어, 이슬람문화, 사회와 도덕, 영어, 수학, 체육과 건강, 이렇게 6개는 필수 과목이며 생물, 화학, 물리학, 컴퓨터, 창의적 디자인과 혁신, 건강과학, 예술 등은 선택 과목이다.

반면 사립학교는 다양한 세계 교육과정 중에서 선택하여 운영하고 있다. 영국제, 미국제, 인도식 커리큘럼이 보편적이긴 하지만 파키스탄, 프랑스, 필리핀 등 17개 커리큘럼이 있다. 일부 사립학교는 MOE 커리큘럼을 따르기도 한다.

대학의 경우 사립과 공립에 있어 눈에 띄는 차이는 없다. 아랍에미리트 대학은 전체 학생 가운데 8%는 걸프 지역 학생, 7%는 기타 외국인 학생에게 개방되어 있다. 다만 이슬람학과는 무슬림 학생에게만 허용된다.

각국에서 파견 나온 근로자와 그 가족 구성원들은 수년간 거주하다가 귀국하는 주거 특성상 본국의 학제를 따르는 사립학교에 진학하는 경우가 대부분이다. 예를 들어 인도에서 온 주재원이면 인도식 커리큘럼을 따르는 사립 학교에 보낸다. 아랍에미리트에 거주하는 한국인 가족들은 주로 영국이나 미국식 학제를 따르는 사립학교에 보낸다.

해외 명문대학의 유치

아랍에미리트 대학은 크게 UAE 대학, 칼리파대학 등 자체적으로 설립한 대학과 해외 명문대를 유치한 대학 분교로 나눌 수 있다. 아랍에미리트의 대학 시스템은 전반적으로 성과가 높다. 세계적 수준의 교육을 제공하는 이들 대학에서 학생들은 수준 높은 학업 성취를 거두고 있다.

흥미로운 점은 우리가 알 만한 해외 대학들의 분교 참여가 활발하다는 것이다. 일찍이 아랍에미리트 정부가 해외 명문 대학들과 협약을 맺고 이를 적극적으로 유치한 결과다. 현재 아

● 뉴욕대 아부다비 캠퍼스

● 뉴욕대 아부다비 해시태그를 들고 기뻐하는 학생들

● 아랍에메리트 명문대학 중 하나인 칼리파대학교

랍에미리트에는 미국 뉴욕대학교 아부다비*NYUAD*, 프랑스 소르본대학교 아부다비*Sorbonne University Abu Dhabi*, 영국 로체스터 공과대학교 두바이*RIT Dubai* 등이 설립해 있다.

다양한 학부 및 대학원 프로그램을 제공하는 이들 대학에서는 글로벌 수준의 학문과 연구가 이루어진다. 예컨대 뉴욕대학교 아부다비 캠퍼스의 경우 입학해서 졸업할 때까지 전액 장학금을 지급하는 것으로 유명하다. 이런 이유로 2020년 코로나19 팬데믹 이전까지 이 대학은 하버드대학교, 예일대학교 등을 제치고 '미국 대학교 중 가장 입학하기 힘든 학교'에 꼽히기도 했다.

더 나아가 명문 대학들은 최첨단 연구 시설과 세계적 수준의 교수진 채용에 대한 투자를 계속하고 있다. 현재 아랍에미리트에서 인재를 키우고자 하는 전략적 분야는 재생 에너지, 인공지능, 의료 등이다.

아랍에미리트가 해외 명문대학을 국내에 유치하는 목적 중 하나는 해외 유학을 가지 않고도 최상의 교육에 접근할 기회를 제공함으로써 유능한 인재의 해외 유출을 막고 국가 발전에 이바지할 수 있게 하기 위해서이다.

아랍에미리트 주요 대학

명칭	소재지	개교 시기	학생 수	비고
아랍에미리트대학교	아부다비 (알 아인)	1976	약 12,600명	공립/ 최초 국립대학
UAE 과학기술대학교	UAE 전역 16개	1988	약 16,000명	공립
자이드대학교	아부다비, 두바이	1998	약 3,000명	공립/ 여자대학에서 전환
아부다비대학교	아부다비 (알 아인)	2003	약 4,000명	공립/ 2·3단계 확장 계획
알호슨대학교	아부다비	2005	약 1,400명	사립 (아부다비홀딩Co.)
칼리파대학교	아부다비	2007	약 3,500명	공립 (아부다비 정부)
파리-소르본느대학 아부다비 캠퍼스	아부다비	2006	약 600명	프랑스계
뉴욕대학교 아부다비 캠퍼스	아부다비	2010	약 450명	미국계, 사립
울릉공대학교 두바이 캠퍼스	두바이	1993	약 3,500명	호주계
아메리칸대학교 두바이 캠퍼스	두바이	1995	약 3,000명	미국계
알구라이대학교	두바이	1999	약 2,000명	사립 (알구라이그룹)
BITS 두바이 캠퍼스	두바이	2000	약 1,700명	인도계
브리티시대학 두바이 캠퍼스	두바이	2004	약 200명	두바이 왕실 후원/ 대학원 과정/ 영국계
미들섹스대학 두바이 캠퍼스	두바이	2005	약 1,300명	영국계
헤리엇-월트대학 두바이 캠퍼스	두바이	2006	-	영국계
워털루대학교 두바이 캠퍼스	두바이	2009	약 30명	캐나다계

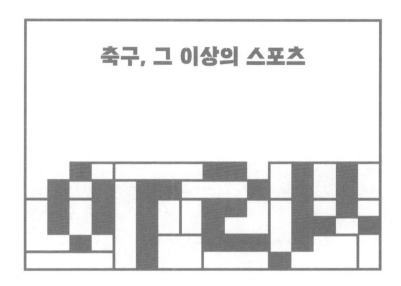

축구, 그 이상의 스포츠

아랍에미리트에서 축구는 스포츠를 넘어 국민적 열망을 담은 문화의 일부로 자리매김해 있다. 두바이, 아부다비, 샤르자 등의 도시에는 세계적인 수준의 축구 경기장이 있으며, 주요 리그 경기가 열릴 때마다 수많은 팬이 몰려든다.

UAE 프로리그*Arabian Gulf League*에는 알 아인*Al Ain FC*, 알 아흘리*Al Ahli*, 알 자지라*Al Jazira* 등의 명문 클럽이 치열한 경쟁을 벌인다. 특히 알 아인 클럽은 2000년대 AFC 챔피언스 리그에서 우승해 아시아 최고의 클럽 중 하나로 인정받았다.

축구가 아랍에미리트에서 인기를 끄는 이유는 여러 가지다. 먼저 축구는 전 세계적으로 가장 널리 알려진 스포츠로 국제 경기를 통해 다양한 문화를 접할 수 있다. 특히 아랍에미리트는 다양한 국적의 사람이 모여 사는 다문화 사회라서 축구는 이들을 하나로 묶어주는 공동의 관심사가 될 수 있다.

정부의 적극적인 지원도 축구의 인기를 높이는 데 중요한 역할을 한다. 정부는 청소년 축구 프로그램을 운영하는 등 어린 선수들을 육성하는 데 상당한 노력을 기울이고 있다. 2019년 설립된 UAE 축구 연맹*UAE Football Association*은 청소년 리그를 강화하고 국제 대회 참가 기회를 늘리고 있으며, 두바이 스포츠 시티*Dubai Sports City*와 같은 시설에 대한 투자는 최첨단 훈련 환경을 제공하고 있다. 향후 아랍에미리트 정부는 아시아 무대뿐만 아니라 세계 무대에서도 경쟁력을 갖춘 축구 강국으로 자리매김하겠다는 계획이다.

정부의 적극적인 지원에 힘입어 아랍에미리트 사람들의 축구에 대한 열정 또한 대단하다. 주요 경기나 토너먼트가 열릴 때마다 경기장은 팬들로 가득 차고 거리에는 자기 팀을 응원하는 팬들이 모여 축제 분위기를 자아낸다. 특히 알 아흘리와 알 와흐다의 경기는 경기 결과에 따라 팬들 사이에 열띤 토론이 벌어진다. 팬들은 소셜 미디어에서도 자기 팀을 응원하고

● 아부다비에 있는 자예드 스타디움

● 아랍에미리트 축구 국가대표팀

경기 결과를 분석하며 축구에 대한 이야기를 나눈다. 이슬람교의 금식 기간인 라마단에도 저녁 경기가 열리면 경기장은 열기로 가득 찬다.

한국과의 축구 인연

아랍에미리트 축구는 한국과도 깊은 인연이 있다. 한국 축구 감독과 선수들이 아랍에미리트 리그에서 활약하며 양국 간 축구 교류가 활발하게 이루어지고 있기 때문이다. 2024년 기준으로 한국의 박용우(알 아인), 정승현(알 와슬), 조유민(샤르자) 선수가 UAE 리그에서 뛰면서 좋은 평가를 받고 있다. 또한 2022년 카타르 월드컵 때 한국을 극적으로 16강에 진출시킨 파울루 벤투 감독은 월드컵이 끝난 뒤 UAE 국가대표팀 감독으로 자리를 옮겨 한국과 아랍에미리트 간의 인연을 계속 이어 나가고 있다.

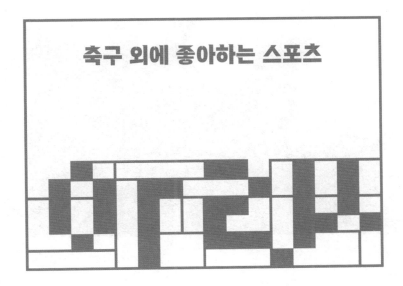

축구 외에 좋아하는 스포츠

아랍에미리트 사람들이 즐기는 스포츠는 축구 외에도 다양하다. 그중에서 전통과 현대적 요소가 어우러진 스포츠가 특히 인기다.

낙타 경주

먼저, 낙타 경주는 아랍에미리트의 대표적인 전통 스포츠 중 하나다. 낙타는 사막이 많은 아랍 지역에서 오랫동안 중요한 역할을 해왔으며, 이러한 역사적 의미가 스포츠로 이어져 현대에도 큰 인기를 끌고 있다. 아랍에미리트 낙타 경주 시즌

● 낙타 경주

은 보통 10월부터 이듬해 4월이고, 금요일과 토요일 이른 아침에 경기가 열린다. 큰 대회 우승자에게는 수억 원의 상금과 최고급 자동차 같은 특별한 부상이 수여된다.

모터스포츠

모터스포츠도 인기다. 빠른 속도와 첨단 기술을 자랑하는 모터스포츠는 아랍에미리트의 젊은 층과 고소득층에게 매력적인 스포츠로 자리 잡았다.

두바이와 아부다비에는 세계적인 수준의 레이싱 서킷과 관

● 포뮬러 1 레이스로 유명한 아부다비에 위치한 야스 마리나 서킷

런 시설들이 갖춰져 있다. 사막 드라이빙 문화와 함께 오프로드 레이싱 같은 이벤트도 인기를 끌고 있다.

　그중에서도 아부다비 그랑프리*Abu Dhabi Grand Prix*는 아랍에미리트의 대표적인 모터스포츠 이벤트로, 매년 야스 마리나 서킷*Yas Marina Circuit*에서 열린다. 포뮬러1(F1) 시즌의 마지막 경기를 자주 담당하며, 특히 야간 레이스로 유명하다. 경주 기간에는 다양한 부대 행사와 축제가 함께 열리며, 아랍에미리트의 국제적 위상을 높이는 중요한 행사로 자리 잡았다.

● 해안 다이빙을 하고 있는 함단 빈 무함 마드 알 막툼 두바이 왕세자의 모습

수상 스포츠 역시 날씨와 지리적 특성 덕분에 큰 인기를 끌고 있다. 아랍에미리트 해안가를 따라 여러 고급 호텔과 리조트, 레저 클럽이 자리 잡고 있기 때문이다. 그 중 제트스키는 스릴을 즐기는 사람들이 선호하는 스포츠이다. 해안선을 따라 시원한 바닷바람을 맞으며 빠르게 달릴 수 있다는 점에 많은 사람들이 열광한다.

경마와 승마

● 해마다 두바이에서 열리는 경마 월드컵

경마와 승마 역시 아랍에미리트에서 귀족 스포츠로 통하며, 특히 왕족과 상류층에 큰 사랑을 받고 있다. 예컨대 두바이 통치자인 셰이

크 무함마드 빈 라시드 알 막툼은 보유한 말만 해도 4,000필이 넘는다. 두바이 왕세자 함단 빈 무함마드 알 막툼이 2006년 도하 아시안게임 금메달을 딴 분야 역시 승마였다. 이러한 애정에 힘입어 두바이에서는 매년 세계적인 두바이 월드컵 경마 대회가 열리고 있다.

매사냥

끝으로 아랍에미리트의 전통 스포츠 중 하나인 매사냥이 있다. 과거 매사냥은 사막에서 생활하는 아랍인들의 중요한 생계 수단이었으나 현대에 들어서는 레저 스포츠로 발전

● 매사냥

했다. 오늘날 매사냥은 전통을 현대에 맞게 재해석하여 고급 스포츠로 성장하고 있으며 아랍에미리트에서는 매사냥을 보존하고 육성하기 위해 다양한 매사냥 대회를 개최하고 있다.

함께 생각하고 토론하기

아랍에미리트 현지인들을 에미라티라고 부릅니다. 대부분 성격이 느긋하고 친화력이 좋고 인정이 많죠. 반면 아랍에미리트에서 "얄라 얄라(빨리빨리)"라고 외치면서 서두르는 사람들은 대체로 다른 국가에서 온 아랍인인 경우가 많습니다. 외국인 비율이 90%에 육박하는 나라이다 보니 생기는 현상입니다.

● '얄라 얄라'와 '느긋함'은 어떻게 공존할 수 있을까요? 아랍에미리트에는 급하게 움직이는 외국인과 느긋하게 행동하는 현지인의 모습이 공존합니다. 문화적으로 상반된 이 두 가지 행동 양식이 함께 존재하는 이유는 무엇일까요? 이런 문화적 차이가 서로에게 미치는 긍정적, 부정적 영향을 함께 논의해 봅시다.

아랍에미리트는 가부장적인 사회입니다. 가족의 의사결정을 주로 아버지가 하며 아버지의 지도 아래 가족이 하나로 뭉칩니다. 아랍에미리트 사회에서는 친인척간 우애와 협력을 중요시하며 부모는 자식에 대해 무한한 책임을 지고 자식은 부모에게 복종할 것을 중요시합니다.

● 가족 중심 문화가 사회에 미치는 영향은 무엇일까요? 아랍에미리트에서는 가족과 혈통이 개인보다 우선시되는 경향이 있습니다. 이러한 가족 중심 문화는 어떤 장단점을 가지는지, 우리 사회에 이런 요소가 있다면 무엇이 있는지 이야기를 나누어 봅시다.

3부

역사로 보는
아랍에미리트

"손님이 찾아오지 않는 집에는 천사도 찾아오지 않는다."

– 아랍에미리트 속담

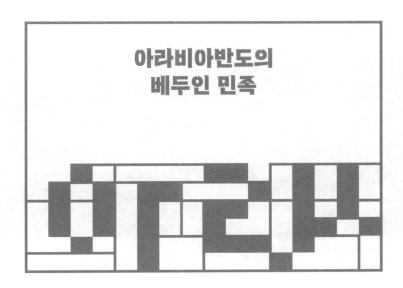

아라비아반도의
베두인 민족

베두인족의 역사

아라비아반도의 동남쪽 끝에 위치한 아랍에미리트에는 해발 3,000미터에 이르는 하자르*Hajar*와 도파르*Dhofar* 산맥이 자리 잡고 있다. 이 두 산맥은 아라비아반도 내륙에 고온 건조한 사막을 형성하여 사람들이 거주하기에 부적합한 환경을 만들어냈다.

해안에 위치한 오만과 예멘은 향신료와 커피를 중심으로 오랫동안 해상 무역을 해왔고, 반도의 서쪽인 홍해와 북쪽 이라크와 접한 지역은 실크로드의 이동로로서 오래된 정주 역사가 있으나 오늘날 아랍에미리트가 있는 아라비아반도의 북

● 낙타 경주

동쪽 지역은 언제부터 사람들이 거주하기 시작했는지 명확하지 않다.

아라비아반도의 넓은 사막지대는 오랫동안 낙타를 타고 이동하며 살아가는 베두인족의 무대였다. 이들은 척박한 지역에 살고 있어 인구 밀도가 낮고 아라비아 사막 지역을 누비면서 유목민 생활을 했기 때문에 혈연 문화가 굉장히 강하다. 또한 큰 무리를 이루기보다는 부족 중심의 여러 집단을 형성하고 부족 안에서 어려울 때 도와주고 이끌어주는 협력의 역사를 만들어왔다. 일부 사람들은 두바이와 샤르자, 라스 알 카이마 등 북부 에미리트 해변에 정주하면서 인도계 상인들의 해상 무역을 지원하며 생계를 유지했다.

16세기 유럽의 해상 진출이 활발해지면서 포르투갈은 아라비아반도의 해안가를 따라 요새를 구축하며 식민지화를 추진했다. 이후 영국은 인도를 지배하고 동인도 회사를 설립한 뒤 자국 상인들의 이익을 지키기 위해 이 지역에 관심을 가지기 시작했다.

1820년경부터 영국은 현재 아랍에미리트 지역을 지배하는 9개 부족 집단●들과 항행 안전 보장 계약인 '영구 해상 휴전협정PMT'을 맺기 시작했다. 하지만 영국은 경제적인 이득이 없는 이 지역에 큰 관심을 두지는 않았다.

영국의 무간섭주의적 태도가 변한 것은 20세기 중반 이 지역에서 석유가 발견되면서부터다. 원유의 채굴권을 확보하기 위해 토후국을 구성하는 부족 간에 영토 경계선을 결정해야 했지만 부족 통치자들의 의견이 엇갈렸다. 그러자 9개 부족의 영토 경계선을 구분하는 일이 영국에 맡겨졌고, 골치를 앓던 영국은 1968년 7개의 아랍에미리트 부족을 비롯해 바레인 및 카타르와 맺은 보호 조약을 파기하기로 하고 군대를 철수했다.

1971년 아랍에미리트 9개 부족은 하나의 연합국을 결성하기 위한 협상에 들어갔고 7개 부족은 의견일치를 보았다. 하지만 여기에 반발한 바레인은 그해 8월, 카타르는 9월에 별도

● 아부다비, 두바이, 샤르자, 아지만, 움 알 콰인, 푸자이라, 라스 알 카이마, 바레인, 카타르 이렇게 9개다.

의 독립국을 구성하고 아랍에미리트와 다른 길을 걷게 된다. 이런 과정을 거쳐서인지 아랍에미리트와 카타르, 바레인 사람은 서로 비슷한 면이 많아 좋아하면서도 싫어하는(?) 애증의 관계를 보인다.

아부다비와 두바이의 형성

아부다비와 두바이 사람들은 원래 사우디아라비아와 아랍에미리트 국경 지역에 있는 리와 오아시스 지역을 중심으로 살던 바니 야스*Bani Yas* 부족 연합 출신이다. 바니 야스는 '야스의 아들들*sons of Yas*'이라는 뜻으로 200여 년 전 현재의 아부다비 지역에서 여러 가문이 이룬 부족 연합을 지칭한다.

당시 바니 야스 부족 연합을 이룬 부족 중에 알 팔라히*Al Falahi*와 알 팔라시*Al Falasi*가 있었는데, 현재 아부다비의 통치자인 알 나흐얀 가문은 알 팔라히의 한 갈래이며, 두바이 통치자인 알 막툼가문은 알 팔라시에서 나왔다고 한다.

여하튼 1833년경 부족 간 갈등으로 한 집단이 북부 해변 지역으로 이주하여 두바이에 정착했고, 이들이 현지 주민들을 보호하며 보호세를 받는 지배 집단으로 성장했다. 이는 오늘날 두바이 왕가인 알 막툼 가문의 기원이 되었다.

한편 당시 아부다비 사람들은 리와 오아시스 지역을 중심으

● 마지드 알푸타임 그룹이 운영하는 시티센터 몰

로 대추야자 농사를 지으며, 여름철에는 아부다비 섬으로 이
동해 인도 상인들을 대상으로 진주 채집을 했으나 1920년대에
이르러 일본의 진주 양식 성공과 세계 대공황으로 경제에 큰
타격을 입었다. 하지만 1958년 아부다비에서 석유가 발견되면
서 상황은 바뀌었다. 석유 수출을 시작으로 경제적 번영의 희
망이 생긴 것이다. 이 무렵 아부다비 제2의 도시인 알아인 시
에는 캐나다 선교사에 의해 최초의 현대식 병원이 설립되었고,
지금도 오아시스 병원이라는 이름으로 남아있다.

  그러나 국민의 삶은 좀처럼 개선되지 않았다. 석유 수출로
나라에 많은 돈이 들어왔지만 당시 40여 년간 아부다비를 지
배해오던 통치자인 셰이크 샤크부트 빈 술탄 알 나흐얀*Sheikh*

*Shakhbut bin Sultan Al Nahyan*이 재정 수입을 국민과 국가 발전을 위해 쓰는 데 대단히 보수적이었던 것이다.

오랜 논란 끝에 1966년 그의 동생 셰이크 자이드 빈 술탄 알 나흐얀*Sheikh Zayed bin Sultan Al Nahyan*이 통치자가 되면서 석유 수입을 국민에게 공평하게 배분하고 국가 재정을 인프라 개발 에 투자하기 시작했다.

셰이크 자이드의 지도 아래 아랍에미리트는 작은 부족들 의 연합 국가에서 강력한 독립 국가로 발전했다. 그는 국민에 게 신망을 얻으며 아랍에미리트를 현대화하고 발전시키는 데 중점을 두었다. 이 시기부터 돈이 활발히 유통되었고 도요타, 벤츠 등 외국 자동차가 수입되었다. 그리고 이러한 수입권을 빠르게 확보해 부유해진 기업가 집안들이 탄생했다. 이케아 *IKEA*, 헤르츠*Hertz*, 자라*Zara* 같은 브랜드 유통을 담당하는 알 푸타임 그룹*Al Futtaim Group*, 현대자동차 수입과 쇼핑몰 까르푸 *Carrefour*를 운영하는 마지드 알 푸타임*Majid Al Futtaim* 그룹 등 이 손꼽힌다.

진주잡이로 연명했던
어촌 마을 두바이

아랍에미리트는 세계적인 석유 생산국 중 하나다. 그러나 이 나라의 시작은 지금과는 전혀 다른 모습이었다. 20세기 초까지 아랍에미리트는 바다에서 조개를 잡고 진주를 채집하던 어촌에 불과했다. 두바이는 특히 진주잡이로 유명했는데, 여름철이 되면 진주잡이 선단이 항구를 떠나 인도양으로 나가 한두달 의 긴 항해 끝에 조개를 채집하고 진주를 얻어 생계를 유지했다.

그러나 1930년대에 일본이 진주 양식 기술을 개발하면서 아랍에미리트의 전통적인 진주 산업은 큰 타격을 입었고, 가격 경쟁에서 밀린 이곳의 진주잡이는 빠르게 쇠퇴했다. 이에 따라 두바이 지역은 경제적 위기에 직면했으며, 많은 가정이 생계의 어려움을 겪었다.

이런 절망적인 상황 속에서 1958년 아부다비 해역에서의 석유 발견은 새로운 경제적 전환점이 되었다. 이후 1966년 두바이에서도 석유가 발견되면서 경제가 빠르게 성장하기 시작했다. 아부다비와 두바이 정부는 석유 수익을 기반으로 도로, 병원, 학교 등 공공 인프라에 막대한 투자를 시작했고 그 결과 아랍에미리트는 짧은 기간 안에 세계적인 수준의 현대 도시로 탈바꿈하게 되었다.

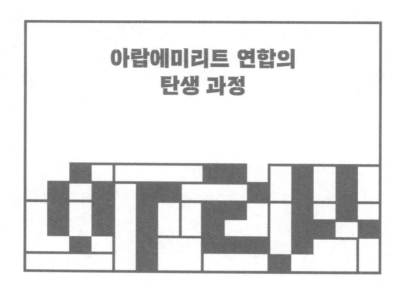

아랍에미리트 연합의
탄생 과정

매년 12월 1일과 2일 저녁, 아랍에미리트 시내 주요 도로 곳곳에는 국기와 무함마드 빈 자이드 알 나흐얀 대통령 겸 아부다비 통치자, 무함마드 빈 라시드 알 막툼 총리 겸 두바이 통치자 등의 인물 스티커로 장식된 수많은 차량이 경적을 울리며 질주한다. 차창 밖으로 눈꽃 스프레이를 뿌리는 모습도 흔히 볼 수 있다. 아랍에미리트가 연방국으로 탄생한 건국기념일 *Union Day*을 축하하는 모습이다.

1971년 이전까지 아랍에미리트는 아부다비, 두바이, 샤르자, 아지만, 움 알 콰인, 푸자이라, 라스 알 카이마 이렇게 7개의 토후국이 각자의 영토를 가진 채 나뉘어 있었다. 연방국으로 바뀐 현재에도 각 토후국은 여전히 독립적인 통치자를 두고 있다.

건국의 아버지 자이드 대통령

토후국(에미리트)이 연합하여 단일 연방국을 이루게 된 배경에는 아랍에미리트 건국의 아버지로 존경받는 고故 셰이크 자이드 빈 술탄 알 나흐얀 대통령의 역할이 매우 크다.

자이드 대통령은 1966년 큰 형인 샤크부트로부터 아부다비의 통치자 자리를 물려받았다. 그 후 얼마 지나지 않은 1968년 초 영국은 군대 유지를 위한 경제적 부담을 이유로 아라비아반도에서 철수하기로 발표했다.

영국군의 철수는 이 지역 에미리트들에게 심각한 안보 위기 상황을 초래했다. 과거 100여 년 동안 영국이 이 지역에서 안보 수호자의 역할을 해왔기 때문이다. 안보에 공백이 생기자 당시 아부다비의 통치자였던 자이드 대통령은 각 에미리트가 연합하여 연방국 형태를 갖추는 것만이 이 지역의 지속적인 평화와 안보를 유지할 수 있다고 보았다. 하여 각 에미리트의 통치자들과 연방 창설을 위해 전방위적으로 설득하기 시작했다.

1968년 초기에 합의 문서를 보면, 카타르와 바레인도 연방 추진 논의에 참여해 9개 에미리트가 서명한 기록이 남아 있다. 그러나 이 두 나라는 후속 합의 과정에서 의견이 달라져 1971년 8월과 9월 각각 독립국을 선언했다.

1971년 영국이 에미리트들과의 모든 조약을 종결함에 따라 아랍에미리트는 연방국으로서 공식 출범하게 된다. 아랍에미

● 건국기념일을 축하하러 나온 차들

리트는 잠정 헌법을 제정하고 아부다비 에미리트의 통치자인 셰이크 자이드를 초대 대통령으로, 두바이 에미리트의 통치자인 셰이크 라시드를 부통령으로 임명했다.

이때만 하더라도 라스 알 카이마가 빠진 6개 에미리트만 아랍에미리트에 참여했으나, 1972년 자이드 대통령의 설득으로 라스 알 카이마까지 연방에 합류해 총 7개 에미리트가 참여하는 오늘날의 연방국 모습을 갖추게 되었다. 안보와 관련하여 아랍에미리트는 1994년에는 미국과, 1995년에는 프랑스와 방위조약을 체결하였고 아프간 및 이라크 군사작전을 지원하는 등 우호적 관계를 유지하고 있다.

건국의 아버지라 할 수 있는 자이드 대통령은 1971년부터 2004년까지 아랍에미리트 연방을 33년간 통치하고 2004년 11월 서거했다. 이후 장남인 할리파 왕세자가 대통령직을 승계하고 무함마드 왕세자가 새로운 왕세제로 지명됐다. 하지만 할리파 대통령의 와병으로 2014년 1월부터 무함마드 왕세자가 대통령 업무를 대행했고, 2022년 5월 할리파 대통령이 서거로 제3대 대통령에 취임했다.

50년 국가 계획을 세우다

무함마드 왕세자의 대통령 취임 이후 아랍에미리트는 미래 국가 생존 전략인 '탈석유 경제 다변화 전략'을 기반으로 2022년 사회·경제·투자·개발 측면에 중점을 둔 향후 10년을 위한 국가 계획 및 로드맵 'We The UAE 2031'을 발표했다. 로드맵의 내용은 다음과 같다.

로드맵 4대 분야
- 사회: 국민들이 필요로 하는 모든 지원 수단을 제공하고 모든 분야에서 국민들의 역량과 기여를 극대화하여 사회 번영을 달성한다.
- 경제: 인적자원의 중요성에 대한 UAE의 믿음을 반영한다.

- **외교**: 인간 가치의 존중을 바탕으로 UAE의 중추적인 역할 및 영향력을 강화한다.
- **정부 규제**: 최신 디지털 인프라 개발 및 정부 운영을 향상한다.

주요 목표

- 국내총생산*GDP* 두 배 확대(1조 4,900억 AED→3조 AED)
- 석유 수출 8,000억 AED 달성
- 관광 부문 GDP 기여도 4,500억 AED 달성
- 대외 무역 가치 4조 AED 달성
- 새로운 경제 부문에 대한 적극적인 법률 개발 세계 1위
- 인간개발지수*Human Development Index* 상위 10위권 진입
- 의료서비스 부문 상위 10위권 진입
- 삶의 질 측면 상위 10위권 도시 진입
- 글로벌 인재 유치 상위 10위권 진입
- 안전 지수 세계 1위
- 세계 식량 안보 지수*Global Food Security Index* 상위 10위권 진입
- 세계 사이버보안 지수 상위 3개국 진입

아랍에미리트는 왕정국가이기에 정책의 연속성이 몇십 년 동안 이루어질 수 있다는 장점이 있다. 지금의 아랍에미리트는 앞선 리더들의 지도력과 후계자들의 지속적인 노력으로 이루어졌고, 이는 안정적인 국가로 성장할 수 있었던 중요한 배경이다.

화합을 중요시하는 나라

연방국 창설 이후 아랍에미리트는 통합을 매우 중요시하고 있다. 아랍에미리트에는 '에티하드*Etihad*'라는 단어를 사용하는 국영 기업들이 많은데 아랍어로 '통합'을 의미한다.

아랍에미리트 국영 철도회사는 에티하드 철도공사*Etihad Railway*이고, 아부다비 시내에는 에티하드 타워*Etihad Tower*라는 빌딩이 있으며, 에티하드 레일*Etihad Rail*이라는 아랍권을 가로지르는 철도도 있다. 아부다비의 국영 항공사인 에티하드 항공*Etihad Airways*이 서울과 아부다비 간 직항로를 개설하고 취항하면서 에티하드라는 이름은 한국에도 알려졌다.

왕가의 핵심 인물 소개

셰이크 자이드 빈 술탄 알 나흐얀

아랍에미리트의 건국 아버지로 불리며, 1971년부터 2004년까지 아부다비의 통치자이자 아랍에미리트의 첫 번째 대통령으로 재임했다. 석유 자원을 현명하게 활용하여 국가 경제를 발전시키고 교육, 의료, 인프라 등의 분야에서 대규모 투자로 국민의 삶을 획기적으로 향상했다는 평가를 받고 있다.

셰이크 무함마드 빈 자이드 알 나흐얀

이름 앞 글자를 딴 'MBZ'로 널리 알려졌으며, 아랍에미리트를 이끄는 현직 대통령이다. 영국 샌드허스트 왕립육군사관학교를 졸업했다. 자이드 빈 술탄 대통령의 첫째 아들이자 자신의 형인 할리파 빈 자이드 알 나흐얀 전 대통령이 2022년 5월 별세하자 3대 대통령이 됐다. 오일 머니 의존도를 낮추기 위한 산업 다각화, 여성의 사회 진출 등 중동 주요국에 부는 국가 개혁 바람을 주도하고 있다.

셰이크 라시드 빈 사이드 알 막툼

1958년부터 1990년까지 두바이를 통치했으며, 그의 리더십 아래 두

● 아랍에미리트를 이끄는 셰이크 무함마드 빈 자이드 알 나흐얀(왼쪽)과 셰이크 무함마드 빈 라시드 알 막툼(오른쪽)의 모습. 각각 아부다비와 두바이의 수장이기도 하다.

바이는 글로벌 경제 중심지로 탈바꿈했다. 당시 작은 해안가에 불과했던 두바이 크릭Dubai Creek을 확장하고 두바이 월드 트레이드 센터를 건설하는 등 대규모 프로젝트를 통해 두바이의 경제적 기초를 다졌다는 평을 받는다.

셰이크 무함마드 빈 라시드 알 막툼

셰이크 라시드의 아들로 2006년부터 두바이의 통치자로 재임하고 있다. 두바이를 세계적인 관광지와 비즈니스 허브로 발전시키는 데 중요한 역할을 했다. 세계에서 가장 높은 부르즈 할리파와 인공섬 팜 주메이라 같은 상징적인 프로젝트를 추진했고, 두바이 엑스포 2020을 유치하여 전 세계의 주목을 받았다.

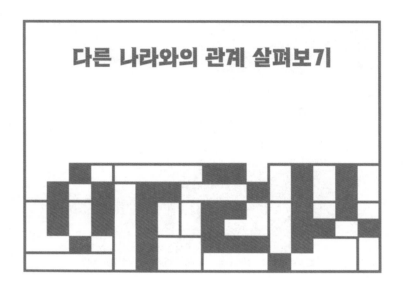

다른 나라와의 관계 살펴보기

아랍에미리트

아랍에미리트의 대외정책 기조

아랍에미리트는 최근 미국의 중동 개입 축소 기조에 따라 안보 자구책 마련의 필요성을 느끼고 있다. 특히 아랍의 봄 사태● 이후 국내 경제 및 사회 발전에 집중하기 위한 안정적인 여건 조성이 절실한 상황이다.

이에 따라 아랍에미리트는 주변국인 튀르키예, 이란, 카타

● 아랍의 봄은 2011년 튀니지에서 시작된 반정부 시위와 혁명을 일컫는 말로 이후 주변국인 이집트, 리비아, 시리아 등 중동과 북아프리카 여러 나라로 확산한 민주화 운동이다. 시민들의 정치적 자유와 경제적 개혁을 요구하는 시위가 있었으며, 몇몇 국가에서는 정권이 교체되거나 내전으로 이어지기도 했다.

르 등과의 관계 개선을 통해 정세 안정을 도모하고 있다. 아랍에미리트 정부는 2022년 "향후 10년은 과거 10년과 같아서는 안 되며 긴장 완화가 키워드"라고 강조하며, 외교 정책을 경제 이익을 추구하기 위한 수단으로 활용하고 있다. 특히 미국과 중국, 서방 유럽과 러시아, 이스라엘과 아랍 등 갈등 진영 사이에서 실리 외교에 중점을 두고 구사하면서 '전략적 자주'를 추구하고 있다.

대표적으로 2022년 2월 러시아의 우크라이나 침공을 규탄하기 위한 유엔안보리 결의안 채택 과정에서 아랍에미리트는 기권 의사를 표명했다. 아랍에미리트가 군사·안보뿐 아니라 다양한 분야에서 긴밀하게 협력 관계를 맺고 있는 나라 중 하나에 러시아가 포함되어 있기 때문이다. 아랍에미리트는 미국, 영국, 프랑스, 캐나다, 오스트레일리아, 중국, 러시아 등과 긴밀한 관계를 맺고 있다.

또한 아랍에미리트는 관용, 평화, 개방이라는 가치를 대외적으로 추구하고, 대규모 인도적 지원을 제공하며, 대규모 국제 행사를 연이어 유치하는 등 소프트파워 강국으로서의 위상을 강화하는 데 힘을 쏟고 있다. 시리아 사태• 이후에는 러시

• 시리아 사태는 2011년 아랍의 봄 이후 시리아에서 시작된 반정부 시위가 내전으로 번진 사건이다. 많은 사람이 당시 정권에 반대하며 시위를 벌였고 이것이 정부군과 반군 간의 싸움으로 커졌다. 이에 따라 집을 잃고 난민이 된 이들이 많으며 현재까지 시리아는 큰 혼란을 겪고 있다.

아와 방산 협력 등을 통해 군사 협력을 강화하는 추세이다. 여기에 이란의 핵·미사일 개발을 지역 정세 최대 불안정 요인으로 인식하고, 다른 아랍 국가들의 결속을 통해 효과적인 대응 방안을 마련하고 있다.

주요국과의 관계

GCC

GCC*Gulf Cooperation Council*는 1981년에 창설된 중동의 6개국 협의체로 사우디아라비아, 쿠웨이트, 바레인, 카타르, 아랍에미리트, 오만이 회원국이다. 이들은 페르시아만을 둘러싸고 있는 나라들로 경제적, 정치적, 군사적 협력을 강화하기 위해 이 회의를 구성했다.

아랍에미리트는 GCC에 적극적으로 참여하여 균형자 역할을 하고 있으며, 같은 이슬람 형제 국가라는 인식 아래 GCC 회원국은 역내 안보, 경제, 정치 등 제반 분야에서 공동 입장을 표명하고 있다. 그러나 카타르의 무슬림형제단 비호•에 따른 갈등으로 최근 GCC의 결속력이 약화했다는 평을 받고 있다.

• 무슬림형제단은 이슬람원리주의 정치조직으로 일부 GCC 회원국, 특히 사우디아라비아와 아랍에미리트는 이를 정치체계와 안보를 위협하는 위협으로 간주하고 있다.

2017년 아랍에미리트를 포함한 사우디아라비아, 바레인, 이집트 등 아랍 4개국은 카타르와 외교 관계를 단절했고, 2021년 1월 '알울라 선언'을 통해 단교를 해소했으나 예전만은 못한 상태다.

이란

아랍에미리트는 이란을 가장 큰 잠재적 위협으로 보고 있다. 그 이유는 이란이 중동에서 힘을 키우고, 시아파라는 이슬람 종파를 대표하여 영향력을 넓히려 하기 때문이다. 아랍에미리트와 이란 사이에는 3개의 섬에 대한 영유권 문제도 있다.

그러나 아랍에미리트는 실리적인 경제 관계를 구축하면서 양국 관계를 관리하고 있다. 나라끼리는 긴장 관계이지만 사람 간의 교류는 자유롭다. 역사적으로도 아랍에미리트와 이란은 교류가 활발했다. 현재 두바이에는 약 60만 명의 이란인이 체류하고 있다.

팔레스타인/이스라엘

아랍에미리트는 예루살렘을 수도로 하는 팔레스타인 독립국가 창설을 지지하는 입장이다. 하지만 2020년 이스라엘과 아브라함 협정을 체결하여 국교를 정상화한 이후에는 경제, 투자, 국방 등 다양한 분야에서 협력이 이루어지고 있다.

2023년 벌어진 팔레스타인-이스라엘 전쟁에서도 아랍에미리트는 다른 중동 국가들과는 다르게 이스라엘을 두고 '전쟁에 반대한다'는 상대적으로 유화적인 메시지를 내놓았으며, 이는 다른 아랍 국가들의 '팔레스타인 전면 지지' 메시지와는 다른 입장이다.

미국

미국과 아랍에미리트는 여전히 핵심 우방국으로 국방, 과학기술, 우주, 보건, 교육, 문화 등의 분야에서 실질적인 협력을 추진하고 있다. 아랍에미리트는 걸프전 이후 미국이 개입한 모든 국제 안보 연합작전에 참여한 유일한 중동 국가다. 1994년 방위 협정을 체결했으며 미국산 헬기와 미사일 방어 시스템을 구매하는 등 미국의 주요 방산 수출 시장으로 부상했다.

사우디아라비아

아랍에미리트와 사우디아라비아는 안보 및 전략적 이해관계를 공유하는 혈맹으로 매우 긴밀한 협력 관계를 구축하고 있다. 사우디아라비아가 네옴시티NEOM 프로젝트를 발표하는 등 양국이 유사한 경제 비전을 추구하면서 일부 갈등 및 경쟁 요소들이 등장하고 있으나 기본적인 협력 관계가 유지되고 있다.

네옴시티 프로젝트는 2017년 사우디 정부가 발표한 초대형 미래 도시 개발 계획으로 석유에만 의존하지 않고 새로운 산업과 기술을 키우기 위해 계획됐다. 이 프로젝트는 홍해 연안

● 정상회담에서 무함마드 아랍에미리트 대통령과 시진핑 중국 주석이 악수를 하고 있다.

에 첨단 기술과 친환경 에너지를 기반으로 한 스마트 도시를
건설하는 것이 목표이다.

중국

아랍에미리트는 미·중 경쟁 구도 속에서 중국과 경제적으로
긴밀히 협력하며 실리외교를 펼치고 있다. 2015년 중국이 주
도하여 아시아 인프라 투자은행*AIIB*●을 설립할 당시 창립 멤버
로 가입했고, 2018년 중국이 추진하는 대규모 경제 협력 전략

● 아시아 지역의 인프라 개발과 경제 성장을 지원하기 위해 2015년 중국이 주도해
설립한 국제 금융 기관이다.

인 일대일로一帶一路● 구상에도 초기 회원국으로 참여했다. 일대일로는 고대 실크로드를 현대적으로 재구성하여 아시아, 유럽, 아프리카를 연결하는 교통, 경제 협력 네트워크를 구축하는 것을 목표로 한다.

현재 아랍에미리트는 중국의 중동 및 북부 아프리카 지역에서 최대 수출 시장으로 자리 잡고 있으며, 양국 간 교역 규모는 약 500억 달러에 달한다. 또한 6,000개 이상의 중국 기업이 아랍에미리트에 진출해 있다.

러시아

아랍에미리트는 민주화 시위나 이슬람 극단주의에 반대하는 입장이며, 시리아와 리비아에서 일어난 내전과 같은 중동 지역 문제에 대해서도 러시아와 비슷한 견해를 공유하고 있다. 이런 공통된 입장 덕분에 두 나라는 국방, 방위 산업, 에너지 분야에서 실질적인 협력을 이어가고 있다. 2015년 러시아가 시리아 내전에 개입했을 때 아랍에미리트는 GCC 국가 중 유일하게 이를 승인했으며, 미국이 러시아에 가한 제재에도 반대 입장을 보였다.

또한 아랍에미리트는 러시아인들에게 인기 있는 휴양지 중

● 중앙아시아와 유럽을 잇는 육상 실크로드(일대)와 동남아시아와 유럽, 아프리카를 연결하는 해상 실크로드(일로)를 뜻하는 말로, 시진핑 중국 국가주석이 2013년 9~10월 중앙아시아 및 동남아시아 순방에서 처음 제시한 전략이다.

하나다. 매년 많은 러시아인이 휴가를 보내기 위해 아랍에미리트를 찾는다. 러시아 내부에서는 일부 상류층이 아랍에미리트에 재산을 숨긴다는 문제가 제기되기도 했다. 아랍에미리트 내에서도 러시아인의 유입이 부동산 가격을 상승시킨다는 비판의 목소리가 나오고 있다.

인도

아랍에미리트는 지리적으로 가까운 인도와 역사적, 문화적으로 깊은 관계를 유지해 왔다. 현재 아랍에미리트에 거주 중인 인도 국적자는 전체 인구의 30%를 차지하며, 2022년 2월에는 포괄적경제동반자협정CEPA을 체결했다. 양국은 상호 주요 교역국으로서 경제 협력을 강화하고 있다.

한국

한국과 아랍에미리트는 1980년 수교 이래 긴밀하게 협력해 왔다. 특히 2009년 전략적 동반자 관계를 수립한 이후, 양국은 다양한 분야에서 협력을 활발히 추진하고 있다. 초기에는 주로 에너지와 건설 분야에서 협력했으나 국방, 보건, 의료, 치안, 교육 등으로 그 범위가 확장되었다.

특히 바라카 원전은 양국 협력의 상징적인 성과로 한국에는 세계 최초의 원전 수출이며, 아랍에미리트에는 걸프 지역 최초의 원전 건설이라는 중요한 의미를 지닌다. 2016년에는

● 한국과 아랍에미리트 관료들이 협력 증진을 위한 회의를 하고 있다.

양국이 사증면제 협정을 체결하여 양국 국민이 비자 없이 최대 90일 동안 상대국에 체류할 수 있게 되어 인적 교류가 더욱 확대되었다.

2018년 3월, 한국 대통령의 아랍에미리트 방문을 계기로 양국 관계는 특별 전략적 동반자 관계로 격상됐고, 2020년 수교 40주년을 맞이하여 이는 더욱 성숙한 단계로 진입했다. 현재 한국과 아랍에미리트는 중동 지역 내에서 유일한 특별 전략적 동반자 관계를 유지하며, 포괄적이고 전방위적인 협력을 지속적으로 확대해 나가고 있다.

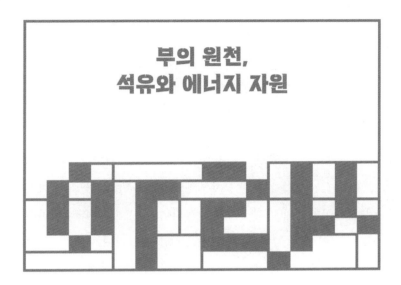

부의 원천,
석유와 에너지 자원

아랍에미리트의 천연자원, 특히 석유와 천연가스는 연방
정부가 관여하지 않고 각 에미리트가 직접 관리한다. 연방 헌
법 제23조는 "각 에미리트의 천연자원과 부는 그 에미리트의
공공 재산으로 간주된다."라고 규정하여 천연자원을 각 에미
리트의 재산으로 명시해 놓았다.

　연방정부 조직인 에너지·인프라부는 석유수출국기구*OPEC,*
Organization of the Petroleum Exporting Countries●에서 정부를 대표하고

● OPEC은 1960년에 설립된 국제 기구로 세계 주요 석유 생산국들이 회원국으로
참여하고 있다. OPEC의 주된 목표는 회원국 간의 협력을 통해 석유 생산량을
조정하여 국제 석유 시장의 안정과 석유 가격을 조절하는 것이다. 주요 회원국
으로는 사우디아라비아, 이란, 이라크, 아랍에미리트 등이 있다..

통계 관리, 석유제품 가격 고시 등의 제한적인 역할을 수행한다.

전통의 석유 산업

아랍에미리트의 석유 매장량은 약 1,000억 배럴로 세계 7위 수준이다. 이 중 대부분이 아부다비(96%)에 있으며, 두바이와 여타 에미리트에 각각 2%씩 매장되어 있다. 현재 아랍에미리트의 석유 생산 능력은 일일 약 300만 배럴이며, 시장 여건에 따라 일일 500만 배럴까지 확충할 계획이다.

이는 석유 자원을 조기에 현금화하고 경제 다각화에 필요한 재원을 확보하기 위해서이다. 아부다비 유전이 앞으로 채굴할 수 있는 석유량은 현재 생산량 기준으로 약 90년 정도이고, 육

● 아부다비 국영 석유기업이자 석유, 가스 분야 내 세계 주요 기업 중 하나인 애드녹(ADNOC)

상 유전과 해상 유전의 생산량 비율은 대략 50:50이다.

아랍에미리트의 석유 수출은 아시아 지역에 집중되어 있다. 우리나라는 2023년 아랍에미리트로부터 전체 석유의 수입 5위를 차지했다.

아부다비 석유·가스 산업에서 최고 의사결정 기관은 아부다비 최고 석유위원회SPC이다. SPC의 정책 결정에 따라 아부다비 석유공사ADNOC가 석유 채굴과 생산을 총괄하며, 프랑스의 토탈Total, 영국의 BP, 일본의 인펙스와 같은 글로벌 기업들이 참여하여 개발을 진행한다. 두바이는 두바이 석유공사Dubai Petroleum가 채굴권을 관리하며, 에미레이트 국영석유회사ENOC 와 영국 BP가 협력하여 석유 채굴을 진행하고 있다.

지역	주요 채굴권 보유기관	협력 기업
아부다비	아부다비 석유회사 (ADNOC)	프랑스 토탈, 영국 BP, 일본 인펙스(INPEX)
두바이	두바이 석유공사 (Dubai Petroleum)	에미레이트 국영석유회사(ENOC), 영국 BP

두바이는 석유가 거의 채굴되어 일찍부터 무역, 관광, 금융업을 중심으로 경제 구조를 다변화하려는 노력을 기울였고, 아부다비도 석유 외 산업에 대한 투자를 늘리고 있다. 이러한 경제 다변화는 아랍에미리트가 석유 의존도를 줄이고 지속 가능한 발전을 이루는 데 중요한 초석이 되고 있다.

사실은 수입국, 천연가스 산업

천연가스는 석유와 함께 아랍에미리트 경제에 중요한 역할을 차지하는 자원이다. 매장량은 7.8조m^3로 세계 8위를 차지하며, 이 중 94%가 아부다비에 집중되어 있다. 하지만 이곳의 천연가스는 유황 성분이 높아 생산 단가가 비싸고 고도의 생산 기술이 요구되어 매장량에 비해 생산량은 적은 편이다.

아랍에미리트는 발전 연료의 대부분을 천연가스에 의존하는 터라 천연가스를 많이 소비하는 국가에 속한다. 하지만 천연가스 생산 및 수출에도 불구하고 급증하는 수요를 감당하지 못해 2008년부터는 순 수입국으로 전환되었다.

안정적인 가스 공급을 위해 아부다비 정부는 1999년 프랑스의 토탈, 미국의 옥시덴탈$Occidental$과 합작하여 돌핀 에너지$Dolphin\ Energy$사를 설립하고, 카타르의 가스전을 개발하여 해저 배관을 통해 가스를 수입하고 있다. 또한 아부다비 정부는 천연가스 자급을 목표로 2008년 종합가스개발계획IGD을 수립하고 적극적으로 가스전 개발에 착수했다. 이 계획의 일환으로 2014년에는 고유황 성분이 많은 샤$Shah$ 가스전● 개발에 성공하여 천연가스 생산을 시작했다.

● 아부다비 남서부에 위치한 고유황 천연가스전으로 유황 함량이 높아 처리와 생산에 어려움이 있었지만 개발에 성공했다.

주목받는 재생에너지 산업

석유는 언젠가 고갈될 수 있다는 위기의식을 가진 아랍에미리트 연방정부는 화석 연료 사용량을 줄이고 청정에너지를 확대하는 정책을 추진하고 있다. 특히 재생에너지가 각광받고 있다.

2017년 연방정부는 2050년까지 천연가스에 의존하는 전력 생산을 재생에너지 중심으로 전환하기 위해 1,600억 달러를 투자하겠다는 'UAE 에너지 전략 2050'을 발표했다.

또한 아부다비 정부는 2006년 '마스다르 이니셔티브'를 수립하고, 아부다비 미래에너지 공사인 마스다르*Masdar*를 설립하여 국내외 재생에너지 프로젝트에 투자하고 있다. 마스다르는 아부다비 정부가 100% 소유한 재생에너지 전문 투자·운영 회사로 아부다비의 재생에너지 정책 수립과 실행을 담당하고 있다. 2009년 아랍에미리트는 국제재생에너지기구*IRENA* 본부를 마스다르 시티*Masdar City*●에 유치함으로써 대외적 인지도와 영향력을 크게 높였다.

두바이 정부는 2015년 '청정에너지 전략 2050'을 수립하고 청정에너지 비중을 2030년까지 25%, 2050년까지 75%로 높

● 마스다르 시티는 아랍에미리트 아부다비에 위치한 세계 최초의 친환경 스마트 도시 프로젝트이다. 탄소 배출 제로를 목표로 재생에너지와 첨단 기술을 활용해 설계했으며, 태양광, 풍력 등 재생에너지만을 사용해 에너지를 공급한다. 앞서 말한 마스다르 에너지공사와는 다르다.

● 아부다비에 위치한 세계 최초의 친환경 스마트 도시 프로젝트인 마스다르 시티

일 계획이다. 이 전략에는 원자력 발전을 포함한 다양한 청정
에너지 활용이 포함되어 있다. 두바이는 이 전략의 핵심 사업
으로 무함마드 빈 라시드 알 막툼*MBR* 솔라파크를 활용하고 있
다. 이 솔라파크는 세계 최대 규모의 태양광 발전 단지로 2030
년까지 5,000MW의 설비를 목표로 하고 있으며, 총 136억 달
러를 투자하여 두바이 전력 수요의 25%를 공급할 예정이다.

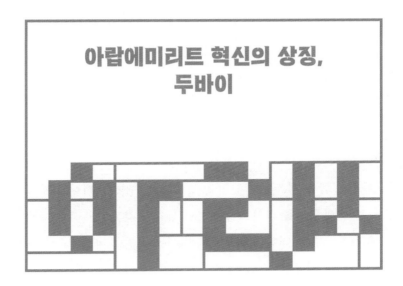

아랍에미리트 혁신의 상징, 두바이

두바이의 눈부신 성장

석유 매장량은 거의 없지만 두바이는 아랍에미리트의 경제적 중심지이자 세계적인 비즈니스 허브로 눈부신 성장을 이루어 냈다. 특히 두바이의 경제자유구역과 세금 혜택은 다국적 기업을 유치하는 데 큰 역할을 하여 관광, 금융, 무역, 부동산 등의 산업이 발달할 수 있었다.

두바이의 상징물인 부르즈 할리파는 세계에서 가장 높은 건물(828m)로 두바이의 경제적 성취와 야망을 상징한다. 두바이 국제공항은 세계에서 환승객이 제일 많은 공항이며, 관광 산업은 두바이 경제에서 약 12%를 차지한다.

금융위기와 코로나19 극복

잘나가던 두바이에도 몇 차례 위기가 있었다. 첫 번째는 2008년 글로벌 금융위기로 당시 부동산 가격이 급락하고 많은 프로젝트가 중단되는 상황에 직면했다. 이에 두바이 정부는 신속하게 경제를 회복하기 위한 조치를 취했다. 구조 조정을 통해 금융 시스템의 안정을 도모하고, 부동산 시장의 활성화를 위해 규제를 완화하여 외국인 투자와 건설 프로젝트 재개를 촉진했다. 이러한 노력으로 두바이는 위기를 빠르게 극복하고 경제를 회복할 수 있었다.

두 번째 위기는 2020년 코로나19 팬데믹이다. 전 세계를 강타한 팬데믹에서 두바이라고 예외일 수는 없었다. 오히려 두바이는 관광과 항공 산업에 의존하고 있어 충격이 더욱 컸다. 2020년 두바이의 GDP는 전년 대비 약 6.2% 감소했다. 그러나 두바이 정부는 신속한 백신 도입과 강력한 방역 조치를 통해 경제 회복을 끌어냈다. 그 결과 2021년부터 두바이 경제는 다시 성장세로 돌아서며 회복하고 있다.

혁신을 통한 미래

두바이는 세계에서 빠르게 성장하는 기술 중심 도시 중 하

● 세계 최대 크기 쇼핑몰인 두바이 몰을 구경 중인 관광객들

나로 새로운 기술을 통해 미래를 준비하고 있다. 4차 산업혁명
을 적극적으로 받아들여 인공지능, 로봇, 사물인터넷 등 첨단
기술들을 활용한 도시로 변화하고 있고, 이를 위해 새로운 아
이디어를 가진 스타트업과 기업들을 위해 혁신적인 시설과 환
경을 제공하고 있다.

　대표적인 예로 2020년 블록체인 기술●을 활용해 세계 최초
로 블록체인 기반의 정부 시스템을 만든 것을 들 수 있다. 그
결과 부동산을 사고파는 일, 비자 발급, 병원 기록 관리 같은
복잡한 행정 절차를 블록체인 기술로 처리해서 문서를 위조하

● 정보를 안전하게 저장하고 전달하는 첨단 기술

거나 정보를 바꿀 수 없도록 안전하게 처리하고 있다. 이런 노력을 바탕으로 두바이는 중동 지역에서 가장 혁신적인 도시로 자리매김했다.

두바이가 중동의 허브가 된 까닭

두바이는 중동의 허브 역할을 성공적으로 수행 중이다. 두바이 국영 항공사인 에미레이트 항공은 세계 최대 크기 비행기인 에어버스 A380의 최대 운용 항공사로 한 해에 수백만 명의 승객을 실어 나른다.

두바이가 중동의 허브가 될 수 있었던 이유는 여러 가지가 있지만, 그중 가장 큰 이유는 지리적 위치에 따른 것이다. 두바이는 아시아, 유럽, 아프리카의 교차로에 있어 물류와 무역의 중심지로서 이상적이다. 여기에 세계적인 항만과 공항 인프라를 갖춘 덕분에 전 세계와 연결되는 물류 허브 역할을 성공적으로 수행할 수 있었다.

두 번째는 경제자유구역과 세금 혜택을 제공해 다국적 기업들을 유치하는 비즈니스 친화적인 환경을 들 수 있다. 이에 더해 금융 규제 완화와 법적 안정성을 제공하여 투자자들이 안심하고 투자할 수 있도록 매력적인 환경을 제공했다. 두바이 국제금융센터DIFC는 현재 세계적인 금융 허브로 자리 잡았는데,

● 두바이 국제금융센터(DIFC)

이는 두바이 정부가 국제금융센터를 위한 법원을 따로 둘 정도로 노력했기 때문이다. 이 법원에서는 이슬람법이 적용되지 않고 영미법이 적용된다.

마지막으로 두바이가 세계적인 관광지로 매년 수백만 명의 관광객을 유치하고 있는 것도 중동의 허브로 자리매김한 이유로 들 수 있다. 두바이는 두바이 몰, 버즈 알 아랍, 팜 주메이라 등 유명한 관광 명소들이 있으며, 두바이 엑스포 2020과 같은 대형 국제 행사를 성공적으로 개최하여 글로벌 인지도를 높였다.

두바이의 미래 전망

경제 다각화와 혁신을 통해 미래를 준비하고 있는 두바이는 아랍에미리트 연방의 경제 성장을 선도하는 중요한 역할을 맡고 있다. 또한 글로벌 경제의 중심지로서 다양한 국제 행사를 유치해 국제적인 협력과 파트너십을 강화하고 있다. 예를 들어 2021년 개최된 '두바이 엑스포 2020'은 전 세계에서 방문객을 유치했을 뿐만 아니라 두바이의 경제와 문화적 역량을 세계에 알리는 중요한 기회가 되었다.

두바이 정부에 따르면 두바이 인구는 2021년 340만 명에서 2040년 580만 명으로 증가할 것으로 예상된다. 여기에 2040년까지 최고의 도시로 올라서겠다는 '2040 마스터 플랜'을 발표해 다각적으로 지속가능한 도시를 만들고자 노력하고 있다.

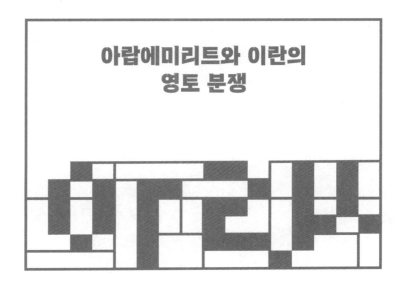

아랍에미리트 위쪽 아라비아만 건너편에 이란이 있다. 이란
은 한반도의 8배 정도 크기(165만㎢)에 8,500만여 명의 인구가
살고 있으며, 중동 지역에서 정치적으로 지대한 관심과 경계를
받는 나라다. 이란과 지리적으로 인접한 아랍에미리트에는 약
40만 명의 이란인이 거주하는 것으로 알려져 있으며, 아랍에미
리트와 이란의 교역 규모는 약 100억 달러에 달한다.

현재까지 계속되는 갈등

이란과 아랍에미리트의 갈등은 1960년대로 거슬러 올라간다. 두 나라가 분쟁을 벌인 지역은 걸프만의 아부무사*Abu Musa*와 대툰브*Greater Tunb*, 소툰브*Lesser Tunb* 이렇게 3개 섬이다. 이 지역은 원래 아랍에미리트의 토후국 중 하나인 샤르자와 라스 알 카이마의 땅이었다. 하지만 이란이 이곳에 대한 영유권을 주장하며 갈등이 시작됐다. 당시 아랍에미리트에 주둔한 영국이 군대를 철수시키는 틈을 타 이란이 쳐들어온 것이다. 영국은 이 사태를 방치했다.

이란은 18~19세기 샤르자와 라스 알 카이마 통치자인 카와쉽 족장이 이란계 페르시아인들에게 공물을 바쳐온 역사가 있다며 해당 지역을 무력으로 점유한 뒤 영유권을 주장했다. 이에 대해 아랍에미리트 토후국들은 이 지역이 오랜 기간 자국의 영토였으며 아랍어를 사용하는 주민들이 살아온 땅이라는 입장을 고수하고 있다.

갈등 초기에는 토후국과 이란 간의 분쟁이었다면 1971년 이후에는 아랍에미리트 연방과 이란 간의 갈등으로 그 양상이 바뀌었다. 아랍에미리트는 이란에 3개 섬의 반환을 강력하게 요구하고 있으며, 1992년에는 해당 문제를 유엔안보리로 해결하려는 등 국제사회의 외교적 중재와 지원에 호소하며 여러 방안을 모색했다.

하지만 아직 문제는 해결되지 않고 있다. 양국은 최대한 평화적으로 문제 해결을 합의하고자 협상을 이어가고 있으나 사실 이란 입장에서는 3개 섬에 대한 영유권을 포기할 이유가 없

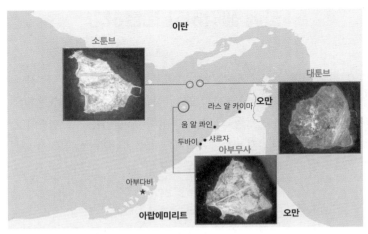

● 아랍에미리트와 이란이 분쟁 중인 3개의 섬

다. 이미 이곳을 실효 지배하고 있고 전략적으로도 중요한 곳
이기 때문이다.

이 갈등은 영토 분쟁을 넘어 경제적·지정학적 문제도 포함
되어 있다. 해당 지역을 확보하게 되면 원유 자원을 장악하고
호르무즈 해협의 항로를 통제할 수 있게 되어 경제적·지정학
적으로 유리한 고지를 차지할 수 있기 때문이다.

아랍에미리트와 이란의 영토 분쟁은 두 나라 간의 역사적,
정치적, 경제적 갈등을 상징한다. 이는 중동 지역의 안보와 안
정에 영향을 미칠 수 있는 큰 요인이므로 앞으로 관심을 가지
고 지켜봐야 할 사안이다.

함께 생각하고 토론하기

아랍에미리트는 석유 매장량 세계 7위의 자원 보유국이고 석유 자원에 크게 의존해 경제를 성장시켰지만 석유 의존에서 벗어나 청정에너지를 확대하는 정책을 추진하고 경제 다각화를 추진하고 있습니다. 최근 각광받는 에너지 산업은 재생에너지입니다. 이는 석유가 언젠가는 고갈될 수 있다는 위기감 때문입니다.

● 석유에만 의존하는 경제의 위험성은 무엇이며, 경제 다각화가 중요한 이유는 무엇일까요?

●● 아랍에미리트의 재생에너지 확대가 환경과 미래 세대에 미치는 영향은 무엇일까요? 다시 말해 재생에너지가 환경 보호와 기후 변화 대응에 어떤 영향을 미칠 수 있을지, 중요하다면 왜 중요하며, 미래 세대에게는 어떤 역할을 할지 함께 논의해 봅시다.

4부

문화로 보는
아랍에미리트

"자신의 과거를 모르는 사람은

현재와 미래를 최대한 활용할 수 없습니다.

왜냐하면 우리는 과거로부터 배우기 때문입니다."

– 셰이크 무함마드 빈 자이드 알 나흐얀(현 UAE 대통령)

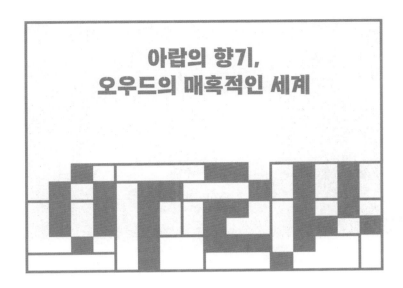

아름다운 마음을 지닌 사람에게서 느껴지는 태도나 분위기를 '좋은 향기가 난다'고 표현하는 것처럼 우리는 무언가를 인식할 때 냄새와 결부시켜 이해하려는 습성이 있다.

향수는 인류가 최초로 사용한 화장품 중 하나로 약 5,000년 전부터 종교적 의식 및 교감을 이루는 데 사용되었다. 기독교, 이슬람교, 불교, 힌두교 등 대부분의 종교는 향을 매우 중요한 요소로 생각한다. 그중 아랍에미리트 사람들의 향수 사랑은 지극히 깊은 편이다. 종교적으로도 좋은 향이 나는 것을 권장하고 옷차림에 따라 각기 다른 향을 뿌리는 등 향수를 일종의 패션으로 여긴다.

대한무역투자공사*KOTRA*에 따르면 아랍에미리트는 1,000만

● 아랍에미리트 향수 코너에서 현지 남녀가 향기를 맡고 있다.

명 정도의 작은 시장이지만 향수 수입만큼은 세계 6~8위를 기록할 정도로 세계적인 향수 소비국에 속한다. 아랍에미리트 쇼핑몰을 걷다 보면 도처에 향수 판매대가 있고, 그곳에 설치된 버너에서 하얀 연기가 퍼져 나온다. 묵직하면서도 은은한, 그러면서도 청량한 느낌이 드는 이 향기는 아랍에미리트를 비롯한 아랍 국가에서만 맡을 수 있다.

아랍에미리트 현지 남성들이 주로 입고 다니는 전통 의상 칸두라에서도 이 향기가 나는데, 처음 이곳에 와서는 한국에서는 익숙하지 않은 이 냄새가 어디서부터 비롯되는지 궁금했던 기억이 있다.

이 향기의 정체는 '오우드Oud'라는 아열대 우림에서 자생하는 침향나무의 수지 덩어리로 나무가 외상으로 바이러스나 세균의 침입을 겪었을 때 생성된다.

● 아랍 향수로 쓰이는 오우드의 모습

이 수지는 수백 년에 걸쳐 어두운 갈색으로 숙성되어 수천 년 동안 약용이나 종교의식 등 다양한 용도로 인류와 함께 해왔다. 특히 고대 이집트로 거슬러 올라가는 인류의 향료 사용에 관한 역사를 살펴보면 오우드는 의료적 가치를 인정받아 '검은 금'으로까지 불리며 그 가치를 인정받았다.

중동 지역에서 오우드가 특별한 사랑을 받는 까닭은 이슬람 문화와 깊은 연관이 있다. 이슬람의 창시자 무함마드는 오우드를 '천국의 선물'이라 칭했고 이에 따라 무슬림들 사이에서 몸을 정화하는 용도로 오우드를 사용하는 전통이 생겼다. 아랍에미리트 사람들은 기도 전후나 중요한 행사에서 오우드를 태우는데 이는 환영과 존경의 의미를 담고 있다. 최근에는 개성과 취향을 표현하는 수단으로 남녀 모두에게 사랑받으며, 오우드를 활용한 레이어드 향수가 출시되는 등 화장품 산업에서도 중요한 역할을 하고 있다.

다만 자연적으로 형성되는 오우드의 확률이 매우 낮기 때문에 최근에는 인위적으로 나무에 상처를 내어 수지를 생산하는 방식을 사용하고 있다. 천연 오우드의 가치는 매우 높아 판매한다는 소식이 들리면 이를 사기 위해 일찍부터 길게 줄을 서기도 한다.

아랍 지역에서는 오우드 오일을 추출하고 수지 조각을 숙성시켜 사용함으로써 향을 강화하고 지속시키는 방법을 선호한다. 또한 거의 모든 에미리트 가정에서 손님을 환대하는 표시로 나무 형태의 오우드를 적어도 일주일에 한 번, 특히 금요일에 태운다.

여성이 좋아하는 바쿠르

● 바쿠르

아랍에미리트 현지 남성들이 묵직한 오우드를 선호한다면 여성들은 산뜻한 천연 향수인 '바쿠르'를 선호한다.

레반트 지역의 부족들이 곤충 방지 목적으로 쓰기 시작했다는 바쿠르는 아라비아 유목민들이 수천 년 동안 사용해 온 전통 향료다. 개인의 선호나 가족 전통에 따라 재스민, 샌들우드, 감귤류 오일 등 다양한 재료를 오우드 가루와 함께 혼합해 제작한다. 설탕을 첨가해 모양을 만들거나 진흙처럼 구워 그릇에 담아 사용하기도 한다. 특유의 매혹적인 향 때문에 최근에는 바쿠르에서 영감을 받은 합성 향수도 등장하고 있다.

바쿠르를 사용하여 옷이나 머리카락에 향기를 부여하면, 시중에 파는 향수보다 향기가 오랫동안 지속되어 효과적이다. 옷장 안에 바쿠르를 피우면 옷에 좋은 향이 배어들고 불쾌한 냄새가 사라진다. 현지 에미라티 가정에서는 여성이 바쿠르를 만들고 후대에 전수하는 것을 전통으로 여기고 있다.

침향처럼 강렬한 향을 지닌 향료는 후각을 통해 뇌의 변연계에 영향을 끼쳐서 흥분한 감정을 진정시키는 데 도움이 된다고 알려져 있다. 석유가 발견되기 전까지 고된 사막 생활을 이어갔던 유목민들 역시 오우드와 바쿠르 향기에서 작은 위안을 찾았을 것이다. 최근 연구에 따르면 오우드의 연기가 공기중의 박테리아를 감소시킨다고 하니 건강에도 유익한 향이 아닐 수 없다.

아랍에미리트는 다양한 향신료와 독특한 조리법으로 유명한 음식들이 많다. 주변국과 마찬가지로 인도 향신료를 가미한 양고기, 닭고기, 생선 요리가 주축을 이루며, 요거트와 민트를 사용하는 아랍식 음식이 발달했다.

주요 음식 재료

아랍에미리트 사람들이 주로 먹는 고기는 양고기, 닭고기, 생선이며 꼬챙이에 끼워 불에 구운 케밥 형태로 많이 조리된다. 고기 요리는 대추야자 열매에서 추출한 설탕이 양념으로 사용되며 토마토와 야채 소스를 넣은 쌀 요리와 함께 먹는다. 라반(요거트)과 민트도 많이 소비된다.

아랍에미리트 음식에는 곡물과 콩류, 채소 및 과일, 견과류가 주로 쓰이는데, 대표적인 식재료로는 쌀, 밀, 렌즈콩, 잠두, 파슬리, 오이, 가지, 양파, 호박, 감귤류, 올리브, 대추야자, 무화과, 아몬드, 피스타치오, 호두 등이 있다. 이 재료들은 각각의 특색을 살려 다양한 요리로 변신한다.

양념과 음료

아랍에미리트 요리에서 양념은 매우 중요한 역할을 한다. 고수, 생강, 사프란, 심황 등이 자주 사용되며, 커피에는 생강을, 차에는 사프란을 섞어 마시는 경우가 흔하다. 향신료는 음식의 풍미를 더해줄 뿐만 아니라 건강에도 이로운 영향을 미친다.

모든 음식에는 아랍 빵이 함께 제공되고 전통 양념인 후무스*hummus*가 자주 곁들여진다. 후무스는 병아리콩을 으깨어 올리브 기름 등과 섞은 음식으로 빵을 찍어 먹으면 그 맛이 일품이다.

마크부스

아랍 사람들이 선호하는 마크부스*Machbous*는 아랍에미리트에서도 매우 인기 있는 음식이다. 쌀과 고기를 양파, 토마토, 익힌 레몬 등으로 양념해 조리하는데 깊고 풍부한 맛이 특징이다. 이 요리는 양고기, 닭고기 또는 생선을 사용하여 다양한 버전으로 만들어진다.

하리스

이슬람 금식월인 라마단 기간에는 특별한 음식인 하리스*Harees*를 먹는다. 밀가루 반죽을 고기와 섞어 오랫동안 끓여 죽처럼 만드는데 부드럽고 영양가가 높다.

살루나

살루나*Saloona*라는 전통 스튜도 인기가 있다. 다양한 고기와 채소를 넣어 만든 이 스튜는 매콤한 향신료로 맛을 내며 빵이나 쌀과 함께 먹는다.

만디

만디*Mandi*는 향신료에 절인 고기와 쌀을 오븐에 장시간 구워 낸 요리다. 부드럽고 깊은 향이 난다.

가와와 차

음료는 아랍 커피 가와*Gahwa*가 유명하다. 가와는 커피에 향신료와 생강을 첨가해 맛을 내며 대추야자와 함께 제공된다. 차는 사프란이나 민트를 첨가해 마시는 것이 일반적이다.

● 아랍 커피를 만드는 모습

● 아랍에미리트 전통 음식들

식사 예절과 관습

아랍에미리트에서는 음식을 알라가 내린 귀한 선물로 여겨 식사 중에는 거의 말을 하지 않는다. 하지만 식사 단계마다 축복하는 말을 주고받을 수 있다. 가령 먹기 전에는 "비스밀라 *Bismillah*(알라의 이름으로)", 식사 중간에는 "빌라 알레이크 티흐 ㅂ*Billah aleik tihbshi*(알라께서 더 먹으라고 하시네요)", 충분히 먹었을 때는 "아크람 알라*Akram Allah*(알라의 영예로움이 함께하길)", 식사 후 커피를 마실 때는 "알함두릴라*Alhamdurillah*(알라 덕분에)"라는 말을 사용한다. 또한 음식에 대한 존중을 나타내는 의미로 오른손으로만 음식을 먹으며, 음식을 집어 올릴 때는 엄지, 검지, 중지를 사용한다. 왼손은 불결하다고 여겨 사용하지 않는다.

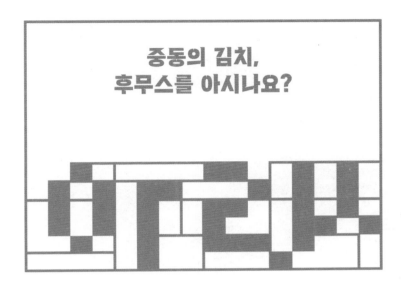

중동의 김치,
후무스를 아시나요?

아랍에미리트에도 우리나라의 '김치'와 같은 위상을 가진 요리가 있다. 맛도 좋고 영양도 좋은 '후무스*Hummus*'다.

아랍어로 '병아리콩'이란 뜻을 가진 후무스는 고대부터 중동 지역에서 먹던 음식이다. 정확히 언제부터 먹기 시작했는지는 알 수 없지만, 중세 이집트에도 기록이 남아 있다고 하니 적어도 700~800년은 되었을 것이다. 주로 빵을 찍어 먹는데 약간은 시큼한 맛이 나지만 몸에도 좋고 맛도 좋아 이곳에서 타지 생활을 하는 사람들에게는 부족한 에너지를 채워주는 더할 나위 없는 음식이다.

후무스는 '죽기 전에 꼭 먹어야 할 음식'에 선정되기도 했다. 중동 지방에서는 "후무스가 없는 식탁은 이야기가 없는 아라비안나이트와 같다"는 격언이 있을 정도로 식탁에 빠트리지 않고 올리는 음식 중 하나다.

아랍 세계는 물론 이스라엘, 튀르키예, 그리스, 키프로스에서도 빈부를 막론하고 매일 후무스를 즐겨 먹는다. 여러 나라에서 국민 음식 대접을 받는데, 그중 일부는 자기네가 후무스 원조라고 주장하며 최고의 레시피를 두고 경쟁한다는 얘기도 들린다.

후무스 만드는 법

만드는 방법은 간단하다. 앞서 후무스의 뜻이 '병아리콩'이라고 했듯이 후무스의 주재료는 병아리콩이다. 삶거나 찐 병아리콩에 올리브오일과 각종 향신료를 섞어 함께 갈아내면 된다.

씹히는 맛을 즐기고 싶다면 거칠게, 매끄러운 식감을 원한다면 오랫동안 갈아 부드럽게 한다. 믹서기가 없다면 큰 그릇에 담은 뒤 숟가락으로 으깨도 된다. 향신료는 소금, 후추, 커민, 석류씨, 고수, 깐 참깨(타히니), 레몬즙, 마늘, 고추 등이 들어간다. 보통은 납작한 전통 빵을 찍어 먹지만, 샌드위치에 발라 먹거나 고기에 곁들여 먹기도 한다.

● 후무스. 가운데 기름은 올리브 오일이다.

● 최근 콘래드 두바이 호텔 뷔페에서 본 후무스 코너

● 아랍에미리트 까르푸에서 판매하는 후무스(좌)와 빵으로 찍은 모습(우)

후무스가 건강에 미치는 영향

후무스의 영양에 대해 전문가들은 "단백질 함량은 높고 지방은 적으며 혈관 건강에 좋은 불포화지방이 풍부하다."라고 평가했다. 후무스의 주재료인 병아리콩은 일반 콩보다 단백질, 칼슘, 식이섬유가 더 많이 들어 있는 고高 영양식이다. 병아리콩 100g의 단백질 함량은 19.3g으로 이는 같은 양의 완두콩(100g당 5.8g)에 비해 3배 이상이다. 칼슘과 식이섬유도 마찬가지로 3배 이상 많다.

후무스는 100g당 177kcal 정도로 열량이 낮아 다이어트 음식으로도 최고다. 콩을 삶아서 갈아 만든 터라 소화 흡수도 잘되고 병아리콩에 들어 있는 L-아르기닌 아미노산은 신진대사를 촉진해 체지방 연소에 도움을 준다.

또한 후무스를 즐겨 먹으면 동맥경화 등 각종 혈관 질환의 위험이 줄어든다. 항산화 성분인 폴리페놀도 풍부하다. 폴리페놀은 몸의 세포를 공격하는 활성산소를 제거하고 염증을 줄여주는 효과가 있다. 마지막으로 당뇨, 고혈압, 동맥경화 등 성인병 예방에도 좋은 음식이니 어찌 사랑하지 않을 수 있으랴.

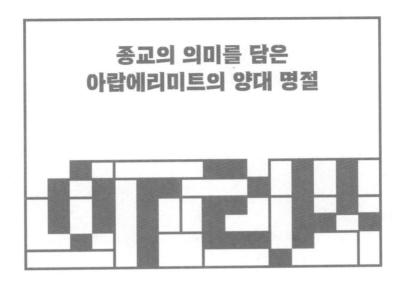

종교의 의미를 담은
아랍에미리트의 양대 명절

라마단

라마단은 이슬람력•에서 아홉 번째 달의 이름으로 아랍어로
'무더운 달'을 뜻한다. 이 기간에는 선지자 무함마드가 꾸란을
계시받은 것을 기념하여 한 달 동안 해가 뜨고 질 때까지 음식,
음료, 흡연, 성생활을 삼간다.

무슬림에게 라마단은 자기 수양과 정신적 성장에 집중할 수
있는 기회로 금식을 통해 신앙을 강화하고 자선을 실천하며 가

• 이슬람의 전통적인 역법으로 연호는 무함마드가 메카에서 메디나로 이주한 622
년 9월 24일(혹은 7월 2일)을 원년으로 삼는다. 1년을 354.3일로 간주하므로 한 해
가 더 빨리 지나간다.

난한 사람들의 고통을 이해하려는 의미를 담고 있다. 라마단 기간에는 "라마단 카림*Ramadan-Kareem*"이라고 서로 인사하는데 '관용의 라마단이에요'라는 의미이다.

라마단 동안 금식을 하는 낮에는 피로감을 느껴 업무 효율과 판단력이 떨어질 수 있다. 그래서 일부 회사들은 근무시간을 조정하거나 단축 근무를 실시하기도 한다.

이드 알피트르, 금식을 끝내는 축제

라마단이 끝나면 이슬람력으로 10월 1일부터 이드 알피트르*Eid al-Fitr*라는 3일간의 명절이 열린다. 이드 알피트르는 '금식을 끝내는 축제'라는 의미의 아랍어로 한 달 동안의 라마단 금식 수행을 무사히 마친 것을 축하하고 기념하는 행사다.

이드 알피트르는 이슬람의 예언자 무함마드가 라마단의 마지막 날을 기념하며 시작한 것으로 전해진다. 이 명절은 단순한 금식의 끝이 아닌 신에게 감사하는 마음을 표현하는 기간으로 새벽에 모스크에서 기도하는 것으로 시작되며, 이후에는 가족들이 모여 특별한 식사를 한다.

이드 알피트르에는 모두가 새 옷을 입고 집마다 달콤한 디저트와 맛있는 전통음식을 나누며 친척과 이웃을 방문하여 선물을 주고받는다. 특히 아이들은 이드 알피트르를 손꼽아 기다

리는데, 어른들로부터 받는 용돈과 선물 때문이기도 하다. 설
날에 세뱃돈을 받는 것과 비슷하달까.

이드 알아드하, 희생제의 날

'희생제의 날'이라고도 불리는 이드 알아드하*Eid al-Adha*는
이슬람력에서 중요한 명절 중 하나로 이슬람의 최대 행사인 핫
지(성지 순례)가 무사히 끝마친 것을 기념하는 명절이다. 이슬람
력으로 12월 10일에 시작된다.

이드 알아드하는 이슬람의 주요 경전인 꾸란에서 그 유래를
찾을 수 있다. 아브라함이 알라의 명으로 아들 이스마엘을 제
물로 바치려다 '네 믿음을 확인했다'는 알라의 제지로 대신 염
소를 바쳤는데, 아브라함의 깊은 신앙심과 순종을 기리기 위해
이 명절이 제정되었다고 한다.

믿음과 희생의 의미를 되새기는 이드 알아드하의 중요한 전
통 중 하나는 가축을 희생하는 것이다. 소, 양, 염소 등을 잡아
그 고기를 가족, 친척, 이웃, 어려운 사람들과 나눈다. 이 나눔
의 전통은 공동체의 연대를 강화하고 어려운 이웃을 돕는다는
의미를 지닌다. 이드 알아드하 또한 이드 알피트르와 마찬가
지로 가족과 친구들이 모여 맛있는 음식을 나누며 선물을 주
고받는다.

음식과 선물을 나누는 날이므로 각 상점 입장에서 이드는 대목 중의 대목이다. 이드 하루 매출이 한 달 매출과 맞먹을 정도다.

모두가 즐기는 축제

아랍에미리트에서 이드 알피트르와 이드 알아드하는 가족과의 유대감을 강화하고 공동체의 일원으로서 서로를 돕고 나누는 가치를 되새기는 시간이다. 단순한 축제가 아닌 사람 간의 관계를 깊이 있게 만들고 공동체의 결속력을 강화하는 중요한 역할을 한다. 특히 다양한 국적과 문화를 지닌 사람들이 함께 살아가는 아랍에미리트에서 두 명절은 문화적 다양성을 존중하고 공존의 의미를 깊이 새기는 기회가 된다.

명절 기간에는 대규모 기도회와 다양한 문화 행사들이 열린다. 쇼핑몰과 공원 등 공공장소에도 축제 분위기가 가득하다. 정부와 기업들은 각종 할인 행사와 이벤트를 열어 명절 분위기를 북돋우며 관광객에게도 특별한 경험을 선사한다. 이 기간에 현지인들이 주로 하는 인사말은 크게 두 가지다.

하나는 "쿨루 암 와 안툼 비카이르"로 '당신이 매년 잘 지내길 바랍니다'라는 뜻이다. 이 인사말은 명절 이외에 라마단이나 신년 인사로도 사용된다. 또 다른 하나는 "이드 무바라크"

● 축제를 즐기는 아랍에미리트인들

● 축제 기간에 개최되는 불꽃놀이

로 '축복받은 명절 되세요'라는 뜻이다. 이 기간 아랍에미리트에 올 일이 있다면 인사말을 외워서 반갑게 현지인에게 건네보는 것은 어떨까.

아잔

아잔*Azan*은 이슬람 세계에서 하루를 다섯 번 깨우는 소리다. 다섯 번의 시간은 각각 파지르*Fajr*(새벽), 주흐르*Dhuhr*(정오), 아스르*Asr*(오후), 마그립*Maghrib*(저녁), 그리고 이샤*Isha*(밤)이다.

새벽의 조용한 순간부터 저녁의 어둠이 깔릴 때까지, 하루 다섯 번 울리는 아잔은 무슬림에게 기도 시간임을 알리며 그들의 일상에 리듬을 제공한다. 아잔에 맞춰 무슬림들은 일터에서, 가정에서, 또는 길 위에서 잠시 멈추고 메카를 향해 몸과 마음을 바쳐 기도를 올린다. 그들에게 하루 다섯 번의 기도는 일상의 흐름을 나누고 그 순간마다 세상에서 떨어져 나와 내면의 평온을 찾을 수 있도록 돕는 중요한 행위이다.

● 아잔이 울려 퍼지는 모스크

두바이 거지는
정말 떼돈을 벌까?

언젠가 인터넷 커뮤니티를 중심으로 '부자 도시 두바이에서 거지 생활을 하며 구걸한다면 떼돈을 벌 수 있다'란 글이 화제가 된 적 있다. 이 말은 사실일까? 결론만 말하자면 어느 정도는 맞다.

고소득을 노리는 거지들은 이슬람에서 가장 성스러운 라마단 기간에 특히 기승을 부린다. 무슬림의 5대 의무 중 하나인 '자카트^{Zakat}(적선)'를 행하기 위해 많은 무슬림이 거지에게 쉽게 적선을 하기 때문이다. 무슬림의 5대 의무로는 샤하다(신앙고백), 쌀라트(기도), 하지(순례), 소움(금식), 자카트(적선)가 있다.

어떤 거지는 한 달 동안 우리 돈으로 1억 원 정도를 벌었다고 한다. 일당으로 치면 하루에 350만 원 이상이다. 어떤 거지들은 이 기간에 구걸을 하며 5성급 호텔에서 숙식을 해결했다고 한다. 그렇다고 해서 짐을 싸서 두바이에 갈 생각이라면 다시 한번 심사숙고하길 바란다. 이제는 경찰들이 심하게 단속한다. 위장 구걸을 하다가 잡히면 고액의 벌금과 감옥행은 물론 국외 추방까지 당한다.

구걸을 근절하기 위해 두바이 경찰은 거지들의 밀집도에 따라 초록색, 노란색, 빨간색으로 구역을 나누어 라마단 동안 단속에 들어간다. 거지들이 가장 많은 지역은 빨간색 구역이며, 노란색 구역은 거지들이 적은 곳, 녹색 구역은 거지들이 거의 없는 곳이다. 경찰은 정말 돈이 필요해 구걸한 것인지, 그저 가난한 척했는지를 조사하여 17개월 동안 감옥에 가둔 후 구걸한 돈을 압수하고 추방한다. 최근에는 소셜미디어를 통한 구걸에 대해서도 경고하고 있다.

현지 언론에 따르면 2023년 경찰본부에서 열린 기자회견에서 두바이 경찰청 범죄 수사 담당은 "거지 중 대부분은 외국인 방문객이었다."면서 "그들은 아랍에미리트가 부유한 나라이며 사람들이 거지들을 동정하고 도우려 한다는 것을 알기 때문에 라마단 동안 쉽게 돈을 벌기 위해 방문한다. 우리는 팀을 설치해 단속을 활발하게 하고 있다."라고 말했다.

아흐마드 타니 두바이 경찰서장 위원장 또한 "대부분의 거지가 라마단을 이용해 쉽게 돈을 벌려는 아시아인들"이라고 비판하며 "거지 중 상당수는 사기꾼이고 그들은 라마단 동안 방문비자로 입국해 사원 주변에서 구걸한다. 거지에게 돈을 기부하지 말고 UAE 자선단체에 기부해야 할 것"이라고 힘주어 말했다.

이제 결론을 말하자면 선구자를 자처하며 '위장 거지'란 새로운 지평을 연 초기의 거지들은 두바이에서 쏠쏠하게 벌었을지 몰라도 지금은 가봤자 쇠고랑만 차고 추방당할 위험이 높다는 것이다. 괜히 헛고생하지 말고 열심히 일해서 돈 벌 생각을 하는 것이 신상에 이로울 것이다.

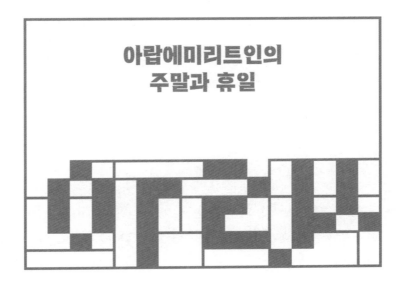

아랍에미리트인의
주말과 휴일

아랍에미리트는 표준 이슬람력(히즈리력)을 채택하고 있으며, 대부분의 공식 문서에는 이슬람력과 서양식 그레고리력이 함께 사용된다. 이슬람력은 달의 움직임을 기준으로 하는 태음력으로 한 해를 12개월 354일로 나누는데, 예언자 무함마드가 622년 메카에서 메디나로 이주한 '헤지라 사건'을 기점으로 한다.

그 당시 무슬림들은 신앙 때문에 메카에서 강한 박해와 억압을 받고 있었다. 이런 상황에서 무함마드와 그의 추종자들은 메카를 떠나 새로운 시작을 위해 옆 도시인 메디나로 이주하기로 결심했다. 메디나는 이들을 환영하며 안전한 피난처를 제공했고, 무함마드는 안전해질 때까지 이곳에서 세력을 키울 수 있었다. 이 사건은 이슬람 역사에서 매우 중요한 전환점으로 이주 후 무함마드는 메디나에서 이슬람 공동체를 확립했고 그 결과 이슬람교는 더욱 확산하기 시작했다.

주말과 휴일

현재 아랍에미리트의 주말은 토요일과 일요일이다. 2021년까지는 금·토요일이 주말이었지만 2022년부터 글로벌 기준에 맞게 토·일요일을 주말로 정했다. 아랍에미리트 연방정부는 국제 기준에 맞춰 주말 휴일을 정하면서 "금융, 무역, 경제 거래가 원활해지고 아랍에미리트에 기반을 둔 수천 개의 다국적 기업이 국제 비즈니스 관계를 더욱 강화할 수 있을 것"이라고 밝혔다.

대부분의 이슬람권 국가에서는 금요일을 포함한 목·금요일이나 금·토요일을 주말로 지킨다. 아랍에미리트 사람들도 공식적인 주말은 바뀌었지만 여전히 금요일을 성스러운 날로 여겨 금요일 오후나 저녁이 되면 모스크에 모여 설교를 듣는 전통을 이어가고 있다. 아랍에미리트에서는 설교 내용이 당국의 감시를 받으므로 정치적 시위의 출발점이 되지는 않는다.

이슬람의 공휴일은 이슬람력에 따라 정해지는 탓에 그리고 리력으로는 매년 공휴일 날짜가 달라진다. 아랍에미리트의 공휴일도 매년 변경되고 있다. 주민들은 종교적 공휴일 외에도 12월 2일 건국기념일인 유니온 데이*Union Day*를 국경일로 정해 기념한다. 이날은 1971년 아랍에미리트가 연방으로 통일된 것을 기념하는 날로 주민들은 지도자와 국기를 묘사한 포일아트로 차를 장식하고, 경적을 울리며 축하 행사를 연다.

주요 종교적 공휴일

- 라마단 시작일: 이슬람 금식월의 시작을 기념하는 날로 매년 다르며 해마다 약 10일 정도 앞당겨진다.
- 이드 알 피트르*Eid al-Fitr*: 라마단 종료 후 열리는 축제로 3일간 진행된다.
- 이드 알 아드하*Eid al-Adha*: 희생제 축제로 이슬람 순례 기간에 맞춰 진행된다(이슬람력 12월 해당, 그레고리력으로는 6~7월경).
- 이슬람 새해*Hijri New Year*: 이슬람력의 새해 첫날이다. 매년 다르며 해마다 약 10일 정도 앞당겨진다.
- 예언자 무함마드 탄신일*Mawlid al-Nabi*: 예언자 무함마드의 탄생을 기념하는 날이다(이슬람력 3월 해당, 그레고리력으로는 9~10월경).
- 알 이스라 왈 미라지*Al Isra' wal Miraj*: 예언자 무함마드가 하늘로 여행한 날을 기념하는 날이다(이슬람력 7월 해당, 그레고리력으로는 2~3월경)

아랍에미리트의
결혼과 장례 문화

결혼식

아랍에미리트에서 결혼식은 전통과 현대적 요소가 결합된 방식으로 진행되며 보통 수백 명의 가족, 친척, 친구들을 초대해 성대한 축제로 치러진다. 결혼식 날에는 인접한 두 개의 홀을 대여하여 남성과 여성 하객을 각각 수용한다. 그리고 신랑과 신부가 두 개의 홀을 돌면서 축하를 받는데, 이는 남녀가 구분되는 아랍 사회의 전통적인 문화와 종교적 가치관을 반영하는 것이다.

신부는 전통 의상인 아바야^{Abaya}를 입고 헤나^{Henna}로 손과 발을 장식한다. 아바야는 아랍 여성들이 입는 검은색 긴 겉옷

● 헤나를 장식한 신부의 손

● 아랍에미리트 유명 여가수인 발키스가 사우디 출신 남편과 결혼식을 올리는 모습

● 결혼식 날에는 인접한 두 개의 홀을 대여하여 남성과 여성 하객을 각각 수용한다.

으로 신체를 가리기 위해 입는 전통 의상이고, 헤나는 염료로 손이나 발에 문양을 그려 넣는 아랍 전통 장식으로 행운과 행복을 기원하는 의미를 담고 있다. 신랑은 아랍 남성들이 입는 흰색 전통 의상인 칸두라*Kandura*를 입는다.

결혼식에는 춤과 음악, 전통 음식을 나누며 가족과 공동체가 함께 축하하는 시간으로 이어진다.

장례식

아랍에미리트에서 장례식은 중동의 다른 사회와 달리 차분하고 조용하게 진행되는 편이다. 그러나 예외도 있는데, 2022년 아랍에미리트 국부인 셰이크 할리파 빈 자이드 알 나흐얀 대통령이 서거했을 때 그를 기리기 위해 40일간 조기를 게양하고 3일 동안 관공서 및 민간 부문에 휴무령이 내려졌다.

아랍에미리트의 장례는 이슬람 전통에 따라 진행된다. 사망후 가능한 한 빨리 매장하고, 보통 24시간 이내에 장례가 치러진다. 장례식은 앞서 말했듯 간소하게 이루어지며, 사망자의 가족을 위로하기 위해 가까운 친척과 친구들이 참석한다. 장례 후 가족들은 보통 3일 동안 조문을 받는다.

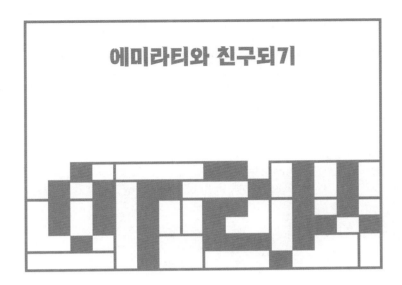

에미라티와 친구되기

에미라티*Emirati*는 아랍에미리트에서 나고 자란 토착 아랍 시민들을 일컫는 말이다. 아랍에미리트 사회에서 우정은 성별에 따라 엄격하게 규제된다. 남성과 여성이 친구가 되는 상황은 거의 없다. 종교적, 역사적, 문화적 요인 때문이다. 외지인이 에미라티와 관계를 맺는 흔한 방법은 조직 내에서 함께 일하는 것이다. 문화적 배경이 비슷한 외국인이나 무슬림들은 아무래도 에미라티와 더 쉽게 친해진다.

에미라티는 우정을 매우 진지하게 생각한다. 우정은 시간이 걸리고 진심을 보여야만 형성될 수 있다고 믿으며, 일단 우정을 맺으면 그 전의 관계로 되돌아가는 경우는 거의 없다. 따라서 우정이 깨지면 깊은 원한을 품게 될 수 있다. 일부 에미라트

인은 개방적이고 다정한 태도를 보이던 사람이 나중에 거리를 두는 듯한 모습을 보이면 실망감을 느끼기도 한다.

에미라티는 대개 친절하고 따뜻한 태도를 보이지만 국적에 따라 외국인에게 특정한 편견을 갖는 경향이 있다. 대체로 백인은 피부색이 어두운 사람보다 정중한 대우를 받는다. 하지만 아랍에미리트는 세계 시민으로서 빠르게 다양성을 포용하고 있으며, 다양한 문화에 대한 관용과 이해가 확산되고 있다.

인사와 환대

● 코를 맞대며 인사하는 아랍에미리트인들

아랍에미리트에서 친구와 가족은 보통 서로의 코를 맞대며 인사한다. 우리가 이를 따라 하려면 어색하게 느껴질 수 있다. 1부에서 간단한 아랍 인사말을 살펴봤듯이 "살람 알라이쿰"은 '당신에게 평화가 깃들기를'이라는 뜻의 인사말로 이에 대한 대답은 "와 알라이쿰 앗살람"이다. 이러한 인사말은 전화나 이메일에서도 사용되며, 대화 중에는 종종 신에 대한 감사의 표현이 포함된다.

환대는 아랍 사회에서 중요한 미덕 중 하나다. 이는 사막에서의 삶에서 비롯된 것으로 먼 곳에서 도착한 여행자가 안심하려면 환영받는 것이 중요했기 때문이다. 환대 문화는 에미리트 사회에 깊이 뿌리내려 있어 종종 사람들은 후한 다과를 제공하여 자신의 관대함을 나타내려고 경쟁한다. 만약 현지에서 에미라티의 초대를 받는다면 사교 모임이 이른 새벽까지 계속될 수 있음을 알고 준비하는 것이 좋다. 일찍 자리를 뜨는 것은 불만을 나타내는 것으로 해석될 수 있으므로 주의한다. 식사는 짧게는 한 시간부터 길면 서너 시간씩 걸린다. 식사를 마친 뒤 디저트와 차를 마시며 대화를 나누는 시간은 서서히 모임을 마무리하는 신호로 받아들여진다. 떠나기 전 초대한 주인에게 충분하고도 진심 어린 감사 인사를 전하는 것이 중요하다.

집에 초대받았을 때

에미라티의 집에 초대받는 것은 흔하지 않지만, 만약 초대받았다면 이는 그들과 더 깊이 교류할 수 있는 소중한 기회가 될 것이다. 어떤 경우든 현지인의 집에 초대되면 작은 선물을 준비하는 것이 예의이다. 집에 들어서면 신발을 벗고 방석이나 낮은 의자에 앉는다. 특히 여성은 다리를 보이지 않게 가리고 앉는 것이 바람직하다.

저녁 식사 전에 아랍 커피인 가와와 사막의 더운 기후 속에서 활력을 북돋우는 대추야자가 에피타이저로 제공될 것이다. 음식을 거절하는 것은 예의에 어긋나므로 되도록 사양하지 않는 것이 좋다.

채식주의자를 위해 빵, 후무스, 요구르트, 렌즈콩, 밥 등의 곁들임 요리를 함께 차리기도 하고, 튀르키예의 바클라바Baklava나 아랍에미리트의 루콰이맛Luqaimat 같은 디저트를 준비할 수도 있다. 바클라바는 꿀이나 시럽을 넣은 페이스트리 안에 견과류가 가득 들어 있는 디저트로 튀르키예와 중동에서 인기가 있다. 루콰이맛은 작은 도넛처럼 생긴 디저트로 꿀이나 시럽을 뿌려 달콤하게 먹는다.

주의할 점은 왼손을 사용하지 말아야 한다는 것이다. 아랍과 이슬람 문화에서는 왼손을 불결하게 여기므로 다른 사람에게 물건을 줄 때도 오른손을 사용해야 한다. 특히 여러 사람이 함께 사용하는 그릇에서 음식을 가져올 때는 왼손을 쓰지 않는 것이 중요하다. 기도 전에 손과 발을 씻는 등 청결에도 신경 써야 한다.

에미라티들은 예의를 매우 중시한다. 예를 들어 건물에서는 다음 사람이 지나갈 때까지 문을 잡아주고, 음식점에서는 본인이 먹고 싶은 것보다는 같이 간 상대방이 먹고 싶은 음식에 맞춰 주문하는 편이다. 식사 후에는 서로 비용을 지불하겠다고 실랑이가 벌어지기도 한다.

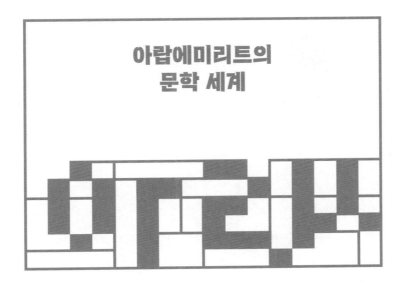

아랍에미리트의
문학 세계

아랍에미리트의 문학은 깊은 역사와 현대적 변화를 반영하며 지속적으로 발전해 왔다. 전통적으로 시詩가 중요한 위치를 차지해 왔지만 현대에 들어서는 소설, 단편소설 등 다양한 장르로 확장되고 있다. 특히 1971년 아랍에미리트가 영국으로부터 독립한 이후 문학계는 빠르게 성장하며 새로운 아랍 문학의 흐름을 만들어냈다.

유명 작가와 작품

아랍에미리트를 대표하는 작가로는 살하 오바이드*Salha Obeid*,

AL OWAIS CREATIVE AWARD

● 알 오와이스 창작상 로고

레엠 알 카말리*Reem Al Kamali*, 샤마 알 바스타키*Shamma Al Bastaki* 등이 있다.

살하 오바이드는 단편 소설〈한 가닥의 희미한 흰 머리카락*An Implicitly White Lock of Hair*〉●으로 알 오와이스 창작상●을 수상했으며, 《아마 농담이겠지*Maybe It's a Joke*》라는 소설로 현대 아랍에미리트 사회를 유머와 풍자로 그려내며 큰 주목을 받았다. 레엠 알 카말리는 소설《달마의 조각상*Statue of Dalma*》을 통해 역사 속에서 억압받는 여성의 목소리를 대변했다.

전통과 현대의 조화를 잘 표현한다는 평가를 받는 샤마 알 바스타키는 시집《집에서 집으로*House to House*》에서 현대 아랍 사회의 가정과 공동체의 변화, 전통적 가치와 현대적 관점의 충돌을 묘사했다. 그는 아부다비와 두바이 등에서 활발히 활동하며 다양한 문화 행사를 통해 작품을 선보이고 있다.

현대 아랍에미리트 문학은 급격한 도시화, 전통과 현대의 갈등, 여성의 역할 변화 등 사회적, 정치적 이슈를 탐구하며 디

● 인간관계의 복잡성과 사회적 기대를 탐구하며 주인공이 나이가 들면서 마주하는 자아 성찰의 이야기를 다룬 단편 소설이다.
● 알 오와이스 창작상**Al Owais Creative Award**은 아랍에미리트에서 문학과 예술 분야에서 뛰어난 업적을 남긴 이들에게 수여하는 상으로 중동 문학계에서 중요한 상 중 하나이다.

● 아랍에미리트 정부 관계자가 한 도서관에서 문학 장려를 위한 회의를 진행하고 있다.

지털화와 세계화 속에서 문화적 정체성을 유지하려 하고 있다. 예를 들어 나디아 알 나자르*Nadia Al Najjar*의 소설 《퍼즐*Puzzle*》 은 현대 사회에서 가족과 결혼의 변화된 형태를 묘사하며, 빠르게 변화하는 세상 속에서 인간관계를 탐구하는 내용으로 베스트셀러에 올랐다.

주요 문학 행사

아랍에미리트에서는 문학을 장려하고 출판 문화를 활성화하기 위해 매년 다양한 문학 축제와 도서전이 열리고 있다. 그

● 중동 지역 최대 규모의 국제 도서전인 샤르자 국제도서전의 모습

중 가장 규모가 큰 행사는 샤르자 국제도서전*Sharjah International Book Fair*과 아부다비 국제도서전*Abu Dhabi International Book Fair*이다.

샤르자 국제도서전은 매년 10월 말에서 11월 초에 개최되며, 1982년 시작된 이래 중동 지역 최대 규모의 국제도서전으로 자리 잡았다. 2024년에는 250만 명 이상의 방문객과 112개국에서 2,500개가 넘는 출판사가 참여했다. 이 도서전은 도서 전시뿐만 아니라 아랍 지역 출판 저작권 거래 및 번역 계약의 허브 역할을 하고 있다.

대한민국의 서울국제도서전과 비교하면 어떨까. 서울국제도서전이 주로 한국 문학과 출판 산업을 국제적으로 알리는 데 중점을 두고 독자들과 소통하는 걸 중요시한다면, 샤르자 국제도서전은 저작권 거래와 번역 계약 등 출판 비즈니스에 더 비중을 둔다. 두 행사 모두 국제 교류를 장려하지만 샤르자 도서전은 중동과 아시아 시장 간 출판 협력을 더욱 강조하는 경향이 있다.

아부다비 국제도서전은 매년 4월에 열리며, 1991년에 처음 열렸다. 샤르자 국제도서전보다 규모는 작지만 아랍에미리트 수도인 아부다비에서 열리는 국제도서전이란 의의가 있다. 이 도서전에는 70여 개국의 출판사들이 참여하고 매년 20만 명 이상의 방문객이 찾는다. 출판사와 저자들이 모여 저작권 거래와 함께 출판 동향을 교류하며, 출판 관련 기술과 디지털 전환에 대한 논의를 활발히 나눈다.

아랍인들은 전통적으로 구술 문학을 중시해 왔으나, 최근 들어 독서와 출판 문화가 크게 확산되고 있다. 특히 젊은 세대를 중심으로 전자책과 종이책 모두에 대한 관심이 높아지고 있다. 이는 정부의 독서 장려 캠페인과 맞물려 독서 문화가 대중화되는 흐름을 보여준다.

아랍에미리트 예술의 최전선

예술 문화를 좋아하는 사람에게 있어 아트 페어는 평소 보기 힘들었던 작가들의 컬렉션이나 작품들을 감상할 수 있는 절호의 기회다. 유명 아트페어일수록 각종 부대행사나 교육들이 잘 짜여 있어 그 자체로 즐거운 시간을 선사해 준다.

사실 미술 작품을 수집하는 동기는 도시 자체만큼이나 다양하다. 어떤 이들에게 미술품 수집은 개인의 취향을 반영하는 동시에 개성을 표현하는 수단이고, 또 어떤 사람들에게는 지역의 문화예술과 예술가를 지원하는 방법이 된다. 시간이 지남에 따라 점점 더 많은 사람이 예술 작품을 수익을 거둘 수 있는 장기 투자로 보고 있다.

중동의 미술 시장은 아랍에미리트, 사우디아라비아, 카타르가 '빅3' 시장을 형성하는데, 그중에서도 아랍에미리트가 규모도 크고 가장 활발하게 거래가 이뤄지고 있다. 다만 최근 빈 살만 사우디 왕세자가 이끄는 사우디아라비아와 '2030 문화 플랜'을 통해 문화 허브로 올라서려는 카타르가 매섭게 추격해 오고 있어 향후 이들의 경쟁이 어떤 결과를 낳을지 지켜볼 만하다.

가끔 아트 페어에 머물다 보면 돈 많은 왕족을 목격할 수 있다. 딱 봐도 럭셔리한 명품 옷에 장신구로 치장한 이들 옆에는 항상 경호를 담당한 수행원들이 있고, 큐레이터로 보이는 사람이 이들의 말을 경청하고 메모한다. 이들이 미술품을 수집하는 이유는 자국의 이미지를 높이는 데 도움이 되고 미술품을 장기 보유하다 재매각하면 큰 투자 차익을 올릴 수 있기 때문이다.

중동에서 가장 규모가 크고 거래가 활발한 아랍에미리트의 주요 아트페어를 소개한다.

아트 두바이

아트 두바이*Art Dubai*는 두바이에서 가장 큰 아트페어이다. 매년 3월 개최되는데 중동, 북아프리카, 남아시아의 다양하고 독특한 예술을 세계 무대에 소개하는 동시에 글로벌 아트 커뮤니티와 교류의 장을 마련함으로써 중동 미술계의 중심축으

● 한 관람객이 아트 두바이에서 미술전시품을 둘러보고 있다.

로 자리매김했다.

두바이 정부에 따르면, 아트 두바이 행사로 매년 1억 디르함 이상의 경제적 효과가 창출된다고 한다. 다양한 프로그램과 이벤트로 구성되어 있어 일반인도 무리 없이 즐길 수 있으며 특히 세계 각국에서 유명 갤러리들이 선보이는 현대미술과 모던 아트 작품들이 눈길을 끈다.

이 외에도 젊은 작가들의 창의성을 발굴하고 지원하기 위한 '바와브*Bawwab*' 섹션이 마련되어 있다. 바와브는 아랍어로 '문'을 의미하며 예술적 대화와 소통의 새로운 문을 연다는 상징적 의미를 지닌다.

교육 프로그램 또한 아트 두바이의 중요한 부분으로 매년 크리에이터와 예술가들이 진행하는 워크숍, 심포지엄, 라운드 테이블 토론을 통해 예술에 대한 이해를 심화시키고 폭넓은 지식을 공유한다. 이는 미술계의 최신 트렌드를 파악하고 중요한 이슈에 관해 토론할 기회가 된다.

아부다비 아트

두바이에 아트 두바이가 있다면 아부다비에는 '아부다비 아트Abudhabi art'가 있다. 이름은 비슷하지만 엄연히 다른 별개의 행사로 아부다비 아트는 아부다비 예술계를 대표하는 아트페어다.

보통 9~10월에 개최되며 아부바비의 예술문화구인 사디앗 아일랜드에서 열린다. 아부다비 아트는 아트페어 이상의 의미를 지니는데, 갤러리 전시와 더불어 참신한 예술 프로젝트와 공공 예술 설치, 교육적인 프로그램들을 제공함으로써 예술에 대한 전방위적 접근을 가능케 하기 때문이다.

전시회 중 하이라이트는 '갤러리 섹션'이다. 현대 미술과 모더니즘을 대표하는 세계적인 갤러리들이 엄선된 작품을 소개함으로써 관람객에게 세계적 수준의 미술을 감상할 기회를 제공한다. 아부다비 아트에서는 창의적인 협업과 커미션을 통해

● 아부다비 예술계를 대표하는 '아부다비 아트' 전시회

● 두바이 다운타운 디자인 행사장 밖에 설치된 조형물

제작된 판매용 예술 작품도 활발하게 거래되고 있다.

아부다비 아트의 또 다른 독특한 점은 공공 예술 프로젝트 이다. 여러 지역 공간에서 전시되는 이 예술 작품들은 무료로 개방되며 문화 예술을 향유할 수 있는 환경을 조성한다. 이는 아부다비의 로컬 커뮤니티는 물론 세계 각지에서 온 방문객들 에게도 예술이란 보편적 언어를 통한 소통의 기회를 제공한다.

다운타운 디자인

다운타운 디자인Downtown Design은 디자인·공예 분야 박람회 로 30여 개 국가, 250여 개 이상의 브랜드 작가와 디자이너가 참여하는 중동 지역 디자인 분야 최대 규모의 행사이다.

매해 11월 두바이 디자인 디스트릭트Dubai Design District에서 열리며 인테리어, 건축, 리테일, 접객 등 다양한 산업 분야에서 전문가와 컬렉터들이 모인다. 한정판과 컬렉터용 디자인을 선 보이는 '다운타운 에디션Downtown Editions' 행사 역시 볼거리다.

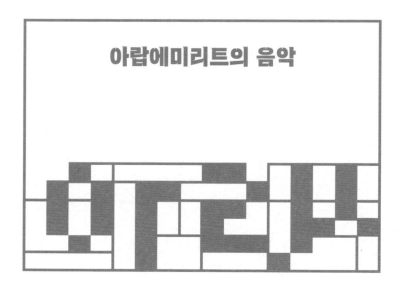

전통 음악의 특징

아랍에미리트의 전통 음악은 주로 베두인 문화와 깊은 연관이 있다. 구술 문화를 중시해 온 아랍 지역에서 음악은 구전 시가와 이야기를 전달하는 중요한 매체로 사용되었다. 전통 음악에는 주로 타블*Tabbel*과 같은 북, 우드*Oud*라는 전통 현악기, 네이*Ney*라는 피리가 사용된다.

아랍에미리트 전통 음악은 리듬이 중요하며 종교적 행사나 결혼식, 축제 등에서 노래가 함께 연주된다. 특히 시적인 가사가 특징으로 자연, 사랑, 공동체 정신 등을 주제로 한 이야기가 주로 담겨 있다.

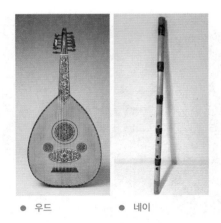

● 우드　　　● 네이

- 타블 : 중동 지역에서 주로 사용되는 큰 북으로 손이나 막대로 두드려 소리를 낸다.
- 우드 : 아랍 전통의 현악기로 기타와 비슷하지만 더 둥근 모양이며, 깊고 따뜻한 음색이 특징이다.
- 네이 : 대나무로 만든 긴 피리로 서정적이고 감성적인 음악에 많이 사용된다.

춤과 현대 음악

아랍에미리트의 대표적인 전통춤은 알 요울라*Al Yowla*이다. 주로 축제나 결혼식, 국가 행사에서 공연되며 두 줄로 선 남성

● 알 요울라 퍼포먼스를 선보이는 현지인들

들이 칼을 들고 북소리에 맞춰 일사불란하게 추는 것이 특징
이다. 이 춤은 전통 음악과 함께 역사적 유대감과 공동체 정신
을 기리는 의미가 있다.

현대 음악 분야에서도 다양한 장르의 음악이 발전하고 있
다. 특히 두바이는 중동의 음악 허브로 자리 잡아 전 세계 뮤
지션들이 공연하는 대형 콘서트와 음악 축제가 자주 열린다.

최근에는 한류 열풍을 타고 한국 가수들도 이곳을 찾는 비
중이 높아졌다. 엑소, 블랙핑크, 싸이, 방탄소년단 등의 한국 그
룹과 멤버들이 몇 년 사이 아부다비와 두바이를 연달아 방문
해 콘서트를 개최했다.

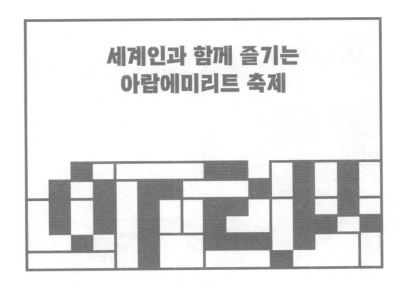

세계인과 함께 즐기는
아랍에미리트 축제

아랍에미리트에는 종교 행사부터 문화 쇼케이스, 화려한 엔터테인먼트까지 흥미로운 축하 행사가 일 년 내내 이어진다. 축제는 주로 관광객이 많이 방문하는 두바이에서 개최된다. 축제를 즐기다 보면 어느새 아랍에미리트의 매력에 푹 빠지게 된다.

두바이 쇼핑 페스티벌

두바이 쇼핑 페스티벌*Dubai Shopping Festival*은 1996년에 시작된 아랍에미리트에서 가장 큰 쇼핑 축제로 전 세계에서 온 관

● 두바이 쇼핑 페스티벌

● 두바이 푸드 페스티벌

● 두바이 국제 영화제

광객들이 이를 즐기기 위해 모여든다. 연말인 12월 중순에 시작해서 1월 말까지 개최된다. 쇼핑을 통해 경제를 활성화하고 관광객을 유치하려는 목적이 크며, 두바이를 글로벌 쇼핑 허브로 자리매김하는 데 큰 역할을 했다. 두바이 정부와 관광청이 주관한다.

두바이 전역의 쇼핑몰과 상점에서 대규모 할인과 프로모션이 진행되는데 저렴한 가격에 다양한 제품을 구매할 수 있어 방문객이 몰린다. 각종 경품 행사, 화려한 불꽃놀이, 콘서트, 패션쇼, 거리 공연 등 엔터테인먼트 행사도 함께 진행되어 축제의 분위기를 더한다.

두바이 푸드 페스티벌

두바이 푸드 페스티벌*Dubai Food Festival*은 2014년부터 매년 개최되는 아랍에미리트 최대의 음식 축제로 두바이의 요리 문화를 즐길 수 있다. 보통 2월 말부터 3월 초까지 열리는데 유명 셰프의 요리 시연과 다양한 음식 체험 행사가 주를 이룬다. 이 기간에 두바이에 오면 유명 레스토랑의 요리사들이 준비한 특별한 메뉴를 맛보거나 음식과 관련한 워크숍과 시식회에 참여할 수 있다. 거리 음식 축제, 팝업 레스토랑, 미식 투어 등 다양한 이벤트도 마련되어 있으니 마음껏 즐겨보자.

두바이 국제 영화제

두바이 국제 영화제*Dubai International Film Festival*는 2004년에 시작되어 매년 12월에 개최되는 중동 최대 규모의 영화제이다. 전 세계 각국에서 제작한 다양한 장르의 영화가 상영되고 영화 산업 관계자들이 모인다. 영화 상영 외에도 감독과의 대화, 워크숍, 패널 토론 등의 이벤트가 준비되어 있으며 신진 감독들에게는 자신의 작품을 소개할 기회가 된다.

에미레이트 항공 문학 축제

2009년에 시작되어 매년 1월 말에 개최되는 에미레이트 항공 문학 축제*Emirates Airline Festival of Literature*는 이름처럼 에미레이트 항공의 후원을 받아 개최하는 중동 최대의 문학 행사이다. 문학을 통한 문화 교류와 독서 문화를 증진하기 위해 마련되었으며 전 세계의 작가, 독자, 문학 애호가들이 모여 문학 작품을 소개하고 토론하는 자리가 활발히 이루어진다.

저명한 작가들의 강연, 책 사인회, 워크숍, 토론회 등도 빠지지 않는다. 어린이를 위한 특별 프로그램도 마련되어 있어 전 세대가 함께 즐기는 축제라 할 만하다. 매년 약 4만 명 이상이 참석하며 250여 개의 세션이 열린다.

샤르자 라이트 페스티발

샤르자 라이트 페스티발*Sharjah Light Festival*은 아랍에미리트 제3의 도시인 샤르자의 랜드마크들을 빛과 음악으로 장식하는 과학, 예술, 문화를 융합한 축제다. 2011년부터 매년 개최되고 있다.

샤르자 모스크, 대학 시티 홀, 알 마자즈 워터프런트 등 샤르자 전역의 여러 명소에서 열리며 세계적으로 유명한 아티스트들이 샤르자의 문화와 전통을 현대적인 예술 형식으로 재해석하여 선보인다. 아이들도 좋아해서 가족 나들이로도 제격이다.

● 샤르자 라이트 페스티발 포스터

함께 생각하고 토론하기

라마단은 이슬람교도에게 일 년 중 가장 중요한 시기로 이 기간에 이슬람교도는 해가 뜨고 질 때까지 음식, 음료, 흡연 등을 하지 않습니다. 라마단은 자기 수양과 정신적 성장에 집중할 수 있는 시간으로 금식을 통해 신앙을 강화하고 자선을 실천하며 가난한 사람들의 고통을 이해하려는 의미를 담고 있습니다.

● 라마단 동안 사람들은 함께 금식하며 가난한 이웃의 고통을 이해하고 공동체 의식을 강화합니다. 라마단이 아랍에미리트 사회의 결속력과 자선 활동에 어떤 영향을 미치는지, 그리고 이런 전통이 현대 사회에서 어떻게 유지될 수 있는지 토론해 봅시다.

●● 이슬람에서 라마단은 단순한 금식이 아니라, 자기 수양과 정신적 성장을 위한 시간입니다. 라마단 동안의 금식과 기도 같은 종교적 실천을 한국 같은 비이슬람 사회에서 한다고 했을 때, 우리는 이러한 종교적 관습을 존중해야 할까요, 아니면 공공장소에서는 종교적 실천에 대한 규제가 필요할까요?

5부

여기를 가면
아랍에미리트가
보인다

"역사는 영웅을 만들지 않는다.
영웅이 역사를 만드는 진정한 창조자다."

– 故 셰이크 할리파 빈 자이드 나흐얀 대통령

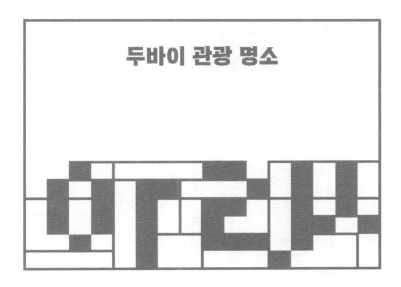

'중동의 뉴욕'이라 불리는 두바이는 세계에서 가장 빠르게 성장하는 도시 중 하나로 아랍의 현대와 전통이 조화를 이루는 매력적인 도시이다. 미래 지향적인 건축물과 풍부한 문화유산이 특별한 경험을 제공하고 있다.

부르즈 할리파

부르즈 할리파*Burj Khalifa*는 세계에서 가장 높은 건물로 높이가 828미터에 이른다. 이 건물은 두바이의 현대적인 모습을 상징하는 랜드마크이다. 2004년에 건설을 시작하여 2010년

● 부르즈 할리파

에 완공되었는데 삼성물산이 시공을 맡았다.

148층에 위치한 '앳 더 탑 스카이라운지'에서 두바이의 전경을 감상할 수 있다. 부르즈 할리파 내부에는 고급 레스토랑과 호텔, 상업 시설이 다양하게 있다. 매년 수백만 명의 관광객이 이곳을 찾아 화려한 야경을 즐긴다.

두바이 몰

세계 최대의 쇼핑몰 중 하나인 두바이 몰*The Dubai Mall*은 2008년에 개장했으며 1,200여 개의 상점과 다양한 엔터테인먼트 시설을 갖추어 매년 수천만 명의 방문객을 끌어모으고 있다. 쇼핑 외에도 두바이 아쿠아리움, 스케이트 링크, VR 파크 등 다양한 체험을 즐길 수 있다.

고급 레스토랑과 카페도 다수 있어 쇼핑과 미식 체험을 동시에 즐길 수 있다. 두바이 몰에 온다면 애플 스토어에 방문해

● 두바이 몰

보자. 탁 트인 공간과 발코니에서 바라보는 몰 밖의 전경이 아주 일품이다.

팜 주메이라

팜 주메이라*Palm Jumeirah*는 두바이 해안에 위치한 야자수 모양의 독특한 인공섬이다. 고급 리조트와 주거 단지, 레스토랑이 밀집해 있다. 2001년 건설이 시작되어 2006년에 첫 입주가 이루어졌다. 데이비드 베컴, 로저 페더러, 톰 크루즈 등 셀러브리티들이 이곳에 별장을 갖고 있는 것으로 유명하다.

● 팜 주메이라

● 두바이 분수

팜 주메이라 한가운데 있는 아틀란티스 더 팜 리조트는 대형 수족관과 워터파크를 갖추고 있어 가족 단위 관광객에 특히 인기가 있다. 2023년에는 아틀란티스 로얄 호텔이 새로이 개장했는데, 우리나라의 쌍용건설이 시공을 맡은 것으로 화제를 모았다.

두바이 분수

두바이 분수 *The Dubai Fountain* 쇼는 부르즈 할리파 호수 위에서 펼쳐지는 세계 최대의 분수 쇼로 275미터 너비에 최대 150미터 높이까지 물을 뿜어낸다. 매일 저녁 여러 차례 진행되며 화려한 조명과 음악에 맞춰 춤을 추는 듯한 장관을 연출한다.

분수 쇼는 클래식 음악부터 현대 팝 음악까지 다양한 곡에 맞춰 펼쳐진다. 분수 주변에는 레스토랑과 카페가 즐비하므로 식사를 하거나 차를 마시면서 감상할 수 있다. 저녁 시간에는 특히 많은 관광객이 모여든다. 가끔 K-팝이 나올 때도 있으니 귀를 쫑긋 세워보자.

두바이 프레임*Dubai Frame*은 거대한 액자 형태의 건축물로 높이가 150미터에 이른다. 상층부 한쪽에서는 두바이 구시가지(과거)를, 반대쪽에서는 현대적인 스카이라인(현재)을 내려다볼 수 있어, 두바이의 과거와 현재를 동시에 감상할 수 있다. 전시관에서는 두바이의 역사와 발전 과정을 소개한다.

두바이 프레임은 두 개의 타워가 상단에서 수평으로 연결된 구조로 되어 있고 바닥은 유리로 되어 있어 아래를 내려다보면 스릴 만점이다. 야경이 아름다워 저녁에 방문하기 좋은 명소로 손꼽힌다. 연인과 함께 간다면 꼭 추천한다.

미래 박물관*Museum of the Future*은 두바이의 기술과 혁신의 상징으로 2022년에 개장했다. 혁신적인 건축 디자인으로 세계에서 가장 아름다운 건축물 중 하나로 꼽힌다. 달 모양의 외관을 1,024개의 스테인리스 패널로 조립했는데, 이는 아랍에미리트가 첨단 과학기술의 허브로 자리매김하려는 의지를 담은 것이라 한다. 거대한 캘리그라피가 뒤덮은 모습 그 자체로 예술 작품이다.

● 두바이 프레임

● 두바이 미래 박물관

방문객은 세계를 변화시키는 혁신적인 기술을 경험할 수 있다. 박물관의 각 층은 스토리텔러, 기술 전문가, 예술가들이 참여해 인터랙티브 영화 세트처럼 실감 나게 설계했다. 우주여행과 미래 생활, 기후 변화와 생태계, 건강, 웰빙, 종교 등의 주제로 전시와 체험이 이루어진다.

3세부터 10세까지 아이들은 어린이 전용 공간인 퓨처 히어로즈*Future Heroes*에서 새로운 세계를 체험할 수 있다. '보이드*void*'라고 하는 공간에 있는 2층 전망대에서는 빠르게 변화하는 두바이 도심을 파노라마로 감상할 수 있으며, 건물 파사드의 매끄러운 안쪽 면을 가까이에서 관찰할 수 있다.

인사이드 버즈 알 아랍

세계 최초 7성급 호텔로 알려진 '버즈 알 아랍*Burj Al Arab*'은 호텔이나 레스토랑을 이용하지 않는 일반인에게는 개방되지 않는다. 하지만 가장 저렴한 방이 하루 200만 원이 넘기 때문에 투숙하기에도 부담이 따른다. 이럴 때 투어를 이용하면 비교적 저렴한 비용으로 내부를 둘러볼 수 있다.

인사이드 버즈 알 아랍 투어는 매일 오전 9시 30분부터 저녁 8시 30분까지 15분마다 시작하며, 약 90분 동안 버틀러가 호텔의 역사, 건축, 인테리어 등에 관해 설명을 하면서 안내해

● 인사이드 버즈 알 아랍

준다.

화려한 대리석 바닥과 천장, 웅장한 샹들리에로 장식된 로비에 참여 인원이 다 모이면 로열 스위트로 이동한다. 로열 스위트는 버즈 알 아랍의 최상위 스위트룸으로 넓은 공간에 욕실 6개, 침실 4개, 거실, 사무실 등이 갖추어져 있다. 화려한 인테리어와 고급스러운 가구로 꾸며져 있어 그야말로 호화로운 분위기를 자아낸다. 투어 상품에 따라 전망대에서 금가루 커피를 마실 수도 있다.

두바이 하면 높은 빌딩들이 솟아있는 현대적인 풍경이 먼저 떠오를 테지만 구시가지는 또 다른 느낌을 준다. 그중 요즘 뜨고 있는 알 시프*Al Seef* 지구는 아기자기한 상점들이 옹기종기 모여있는 옛 두바이 거리의 모습을 재현하고 있다.

과거 진주잡이 항구였던 두바이 크릭 연안을 따라 펼쳐진 알 시프 지구는 전통 건축물이 자리한 고풍스러운 구역과 현대적인 편의 시설이 돋보이는 구역으로 나뉘어 있다.

오순도순 이야기를 나누면서 돌아다니다 보면 사진 찍기 좋은 곳들이 여기저기 나타난다. 그중 한국인에게 특히 유명한 포토존은 알 시프 스타벅스이다. 로고마저 두바이 옛 건물과 잘 어울리는 곳이다.

● 알 시프 지구에 위치한 스타벅스

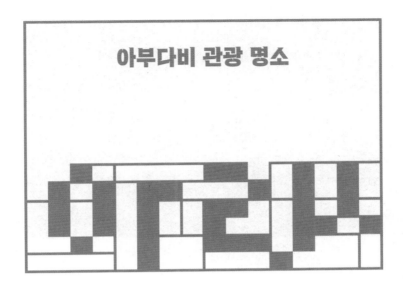

아랍에미리트의 수도 아부다비는 현대적인 건축물과 전통적인 문화가 매력적으로 어우러진 도시로 풍부한 역사와 문화를 자랑하는 세계적인 관광 명소가 많이 있다.

에미레이츠 팔라스 호텔

에미레이츠 팔라스 호텔*Emirates Palace Hotel*은 원래 왕궁으로 지어졌다가 개조된 럭셔리 호텔이다. 이 호텔은 아부다비의 화려함과 풍요로움을 체험할 수 있는 장소로 고급스러운 인테리어와 아름다운 정원, 프라이빗한 비치를 갖추고 있어 관광

● 에미레이츠 팔라스 호텔

객들에게 인기가 많다. 특히 금가루가 뿌려진 팔라스 카푸치노가 유명하다. 예약해야 호텔 내 커피숍이나 레스토랑 출입이 가능하다.

셰이크 자이드 그랜드 모스크

셰이크 자이드 그랜드 모스크*Sheikh Zayed Grand Mosque*는 아부다비 그랜드 모스크로도 불리는 세계에서 다섯 번째로 큰 모스크이다. 모스크란 '엎드려 절하는 곳'이라는 의미의 아랍어 '마스지드'에서 유래한 단어로 하루 다섯 번 기도를 드리는 이

● 셰이크 자이드 그랜드 모스크

슬람 신자들의 예배 장소다. 예배 전 손과 발을 깨끗이 씻는 전통을 따르며, 이슬람 문화에서 중요한 종교적 상징을 지닌 다. 이 모스크는 축구장의 다섯 배 정도의 크기로 최대 4만 명 이 동시에 예배를 볼 수 있다. 아랍에미리트 초대 대통령의 이 름을 따서 지었으며, 셰이크 자이드의 무덤은 모스크 입구 오 른쪽에 있다.

　모스크 천장에는 샹들리에가, 바닥에는 이란에서 제작한 세 계 최대 크기의 핸드메이드 카펫이 깔려 있어 아랍 건축의 아 름다움과 이슬람 문화의 깊이를 체험할 수 있다. 한 가지 팁을 주자면 낮보다는 밤에 보는 것이 더 장관이다. 특히 사원이 물 에 비친 모습을 보면 참으로 아름답다는 생각이 든다.

루브르 아부다비

2017년 11월 11일에 개관한 루브르 아부다비*Louvre Abu Dhabi*는 건축계의 노벨상이라 불리는 프리츠커상 수상자인 장 누벨이 디자인한 미술관이다.

아부다비의 문화 특구로 조성 중인 마나랏 알 사디앗에 있으며 건물의 얇은 돔 구조는 중동의 현대성과 전통성의 조화를 상징한다. 아랍에미리트 현지 미술품과 프랑스 파리 루브르 미술관의 작품들을 전시하고 있으며, 소장품도 정기적으로 바뀌고 건물 자체도 예쁘기 때문에 포토존으로도 유명하다. 다양한 예술 작품과 전시를 통해 중동과 서양의 문화를 연결하는 중요한 역할을 하고 있다.

야스 마리나 서킷

야스 마리나 서킷*Yas Marina Circuit*은 포뮬러1(F1) 그랑프리가 열리는 장소로 매년 수많은 모터스포츠 팬이 찾는다.

F1은 고성능 경주차들이 경쟁하는 프로 레이싱 대회다. 한국에서는 비인기 종목이지만, 영국이나 이탈리아를 위시한 유럽 국가, 일본, 싱가포르, 중동 국가들, 북미, 남미, 오세아니아에 있는 국가들까지 전 세계적으로 팬층을 가진 스포츠이다.

● 루브르 아부다비

● 야스 마리나 서킷

● 페라리 월드

이들 나라에서는 우승하면 국가 최고 지도자에게 기사 작위를 받거나 올림픽 개막식 때 오륜기를 들고나올 정도로 위상이 대단하다.

야스 마리나 서킷은 세계에서 가장 화려한 서킷이자 매 시즌 F1 월드 챔피언십의 대장정을 마무리하는 곳이다. 현대적인 디자인과 최첨단 시설을 갖추고 있어 모터스포츠 경기뿐만 아니라 콘서트, 페스티벌 등 다양한 이벤트가 열린다. 서킷의 야경과 주변의 고급 리조트, 요트 시설까지 더해져 특별한 경험을 할 수 있다.

페라리 월드 아부다비

페라리 월드 아부다비*Ferrari World Abu Dhabi*는 세계 최초의 페라리 테마파크로 유명 자동차 브랜드인 '페라리'를 테마로 한 놀이공원이다. 일반 테마파크와는 달리 자동차와 레이싱을 중심으로 다양한 어트랙션과 전시를 해놓았다. 이곳에서 유명한 놀이기구는 세계에서 가장 빠른 롤러코스터인 포뮬러 로사*Formula Rossa*로 최대 시속이 240km에 이른다.

페라리 월드는 가족 단위 방문객을 위한 프로그램도 많이 마련되어 있다. 입장료는 일 인당 약 10만 원 정도다.

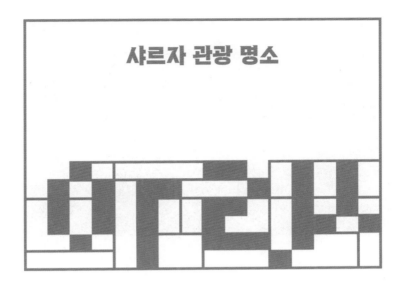

샤르자 관광 명소

샤르자는 아부다비와 두바이에 이어 아랍에미리트 내에서 세 번째로 큰 토후국이다. 두바이와 아부다비에 가려져서 그렇지 생각보다 볼거리와 즐길 거리가 많은 곳이다.

샤르자 사파리

2022년 개장한 샤르자 사파리*Sharjah Safari*는 아프리카 대륙을 제외한 사파리 중 가장 규모가 크다. 아프리카에 서식하는 약 120종의 조류, 파충류, 포유류 5만 마리가 서식하고 있다. 새를 제외한 거의 모든 동물이 울타리 없이 돌아다니므로 사

● 샤르자 사파리 입구

● 이렇게 사파리 내 동물들과도 소통할 수 있다.

파리 차를 타고 돌아다녀야 안전하게 즐길 수 있다. 입장료는 약 1만~4만 원 선.

샤르자 사파리는 아프리카 환경을 큰 구역으로 나누었다. 첫 번째 구역인 '아프리카*To Africa*'에서는 인도양의 아프리카 동부 해안을 따라 흩어져 있는 섬과 군도 고유의 야생 동물을 만나볼 수 있다. 사막과 목초지로 구성된 두 번째 구역 '사헬*Sahel*'에서는 동쪽의 에리트레아와 홍해, 북쪽의 사하라 사막, 남쪽의 사바나에 사는 야생동물들을 볼 수 있다.

믈레이하 고대 유적지

믈레이하*Mleiha* 유적지는 20세기 아랍에미리트가 거둔 최대 고고학 발굴 성과 중 하나로 1980년대부터 본격적으로 발굴되어 현재는 유네스코 세계유산 잠정 목록에 등재되었다.

석기 시대부터 이슬람 초기 시대까지 약 13만 년의 역사를 간직하고 있으며, 발견된 유물들을 보면 이곳이 과거 선사시대에 고대 무역로의 중심지였음을 증명한다. 인도에서 출발한 상품들이 이곳에 모였다가 중동 전역과 지중해로 중개 무역이 이루어졌다고 보고 있다.

우리 돈으로 8,000원 정도를 지불하면 박물관에 입장할 수 있고, 가이드 투어를 이용하려면 예약을 해야 한다. 박물관 꼭 대기에 올라가면 선사시대 유적을 한눈에 볼 수 있다. 원래 더 크고 넓게 퍼져 있으나 아직 발굴이 끝나지 않은 터라 유네스코에서 출입을 제한했다. 앞으로가 더 기대되는 곳이다.

이곳만 들르기 아깝다면 플레이하 센터에서 운영하는 사막 사파리와 저녁 식사도 즐길 수 있으니 참고하자. 사막 사파리를 달리면서 일몰을 보고 사막 한 가운데에서 아랍식 저녁 식사를 즐길 수 있는 패키지가 20~30만 원 선이다. 날이 좋으면 망원경으로 별도 관측할 수 있다.

문 리트릿 샤르자

문 리트윗 샤르자*Moon Retreat by Sharjah Collection*는 바쁜 일상에서 잠시 벗어나 정말로 고요하게 힐링하고 싶은 사람들에게 추천하고 싶은 곳으로 사막 한 가운데 위치한 돔형 호텔이다. 영화 〈마션〉에서나 볼 법한 이글루형의 독립된 객실이 사막 한 가운데 듬성듬성 있다.

이곳의 특징이라면 자연과 하나가 되어 고급스러움을 느낄 수 있다는 것이다. 돔끼리는 서로 멀리 떨어져 있어 프라이버시를 누릴 수 있다. 불빛 하나 없는 고요한 사막 한 가운데 있기 때문에 정말로 고요하다.

저녁에는 별을 바라보면서 캠프파이어와 바비큐 파티를,

● 므레이하 유적지 일부

● 므레이하 사막에서 바라본 일몰

● 문 리트윗 샤르자 객실 내부. 전용 온수풀이 눈에 띈다.

● 완벽하게 외부와 차단된 채 프라이버시를 즐길 수 있다.

아침에는 맑은 공기를 마시면서 일출 트레킹을 즐길 수 있어 가족여행으로도 제격이다. 바비큐 고기는 직접 사와도 되고, 패키지에 포함된 것을 이용해도 된다. 전용 온수 수영장까지 있는 돔도 있으니 잘 활용해 보자. 가격은 1박에 30~50만 원 선이다.

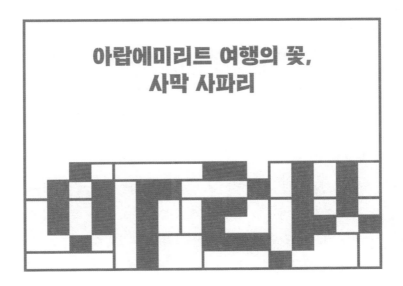

아랍에미리트 여행의 꽃, 사막 사파리

아랍에미리트에는 많은 체험 활동이 있지만 가장 많이 알려진 것은 '사막 사파리'가 아닐까 싶다. 사막 사파리는 사륜구동차로 사막을 질주하면서 매사냥, 낙타 타기 등 각종 전통 체험을 할 수 있는 종합 관광 패키지이다.

평소 알고 지내던 지인이 이곳에 놀러 온다며 "거기 가면 뭐 해야 해?"라고 물었을 때 나의 대답은 "반나절 정도 시간 내서 사막 사파리를 가야지."였다. 외국 관광객이 서울에 오면 남산 타워를 가고 경복궁을 가듯 말이다.

사실 이곳에 거점을 둔 사막 사파리 체험 회사들은 정말 많다. 개중에는 믿지 못할 회사도 있고 먹튀 논란이 있는 곳도 있다. 하지만 천천히 둘러보는 코스부터 다이나믹하게 종일 차를 타고 사막을 누비는 코스까지 다양한 프로그램이 마련되어 있으니 잘 골라 보도록 하자.

사막의 시작은 아라비안 오릭스

사막 사파리를 신청하면, 호텔 등 거주하는 곳으로 차가 픽업하러 와서 두바이 사막으로 약 30분간 이동한다. 두바이 사막은 환경보호를 위해 여러 보존 지역이 지정돼 있다. 그중 두바이 전체 면적의 10%를 차지하는 알 마르뭄 보존 지역 사막으로 이동할 것이다.

황금빛 모래언덕에 도착하면 전통 스카프인 구트라가 제공된다. 아랍인들이 머리에 두르고 다니는 그거 맞다. 가이드 손에 맡기면 머리에 휘휘 둘러 어느덧 아랍 현지인이 완성된다.

사막 사파리답게 처음에는 사륜구동차를 타고 사막을 둘러본다. 그러다 보면 천연기념물인 아라비안 오릭스가 뛰어노는 것을 볼 수 있다. 아랍에미리트는 이들을 보호하기 위해 아주 넓은 펜스를 쳐 놓았다. 일반인이 오릭스를 잡거나 사냥하면 바로 감옥행이다. 대학이나 정부에서 연구 목적으로만 이 펜스 안에 출입이 가능하다.

● 사막 사파리를 즐기다 보면 아라비안 오릭스를 볼 수 있다. 아라비아반도에 넓게 서식하는 오릭스는 카타르 항공에 새겨져 있는 마스코트이기도 하다.

베두인족과 매사냥의 추억

약 20분간 사막 위를 달려 도착한 곳은 베두인족의 전통 마을이다. 베두인족은 중동 지방 전역에 퍼져 있는 민족으로 아랍에미리트 현지인 대부분을 차지하는 민족이다.

베두인 마을에서는 아랍 전통 커피인 가와를 내주고, 모두 둘러앉게 한 다음 매 조련사가 매사냥에 관한 재미있는 이야기를 들려준다. 예컨대 사냥을 마치고 나면 매가 사냥감을 먹기 전에 조련사가 현장에 가서 못 먹게 막아야 한다. 배가 부르면 지금까지 키워주고 재워준 정도 모르고 그대로 자유를 향해 도망친다고.

● 이들에게 매는 친구이자 동료이자 평생을
함께하는 반려동물이다.

가깝든 멀든 무조건 그 현장에 가야 한다는데 요즘에야 차를 타고 가면 되지만 옛날에는 그럴 수도 없어서 몇 년간 애지중지 공들인 매를 잃어버린 경우가 많았다고 한다. 물론 요즘에는 매의 발에 GPS 장치를 매달아서 잃어버리는 일은 없다.

이야기가 끝나고 나면 매사냥 퍼포먼스가 펼쳐진다. 조련사가 모형 먹이를 펄럭이니 하늘 높이 솟은 매가 땅으로 폭발적 속도를 내면서 낚아채려 한다. 그 순간 모형 먹이를 옆으로 치워버리면 매가 다시 자세를 고쳐 하늘 위에서 다시 먹이를 향해 돌진하는 식이다. 매가 비행하는 모습이 정말 아름답다.

아랍 전통 뷔페 만찬 즐기기

매사냥 구경이 끝나면 사막 한복판에서의 저녁 식사가 기다리고 있다.

● 베두인족이 '총 춤'을 선보이고 있다.

　병아리콩으로 만든 수프를 기본으로 양고기, 소고기, 낙타
고기 스테이크 그리고 빵이 함께하는 식단이다. 나는 이 중에
서 평소 접하기 힘든 낙타고기를 주로 먹었다. 디저트는 달콤
한 데이츠(대추야자) 시럽이 뿌려진 찹쌀 도넛 '루콰이맛'이 나
왔다. 무제한으로 배부르게 먹을 수 있고 달달하면서도 짠맛이
나서 한국인의 입맛에도 곧잘 맞는다. 베두인족 전통음식들이
달고 짠 이유는 사막에서 유목 생활을 하려면 열량이 많이 필
요하기 때문이라고 한다.

　밥을 먹는 동안 전통 공연이 펼쳐진다. 일명 '총 춤'이다. 사
냥 등 일과를 마치고 집으로 돌아온 베두인족이 총을 이리저
리 돌리면서 추던 춤이다.

함께 생각하고 토론하기

'중동의 뉴욕'이라 불리는 두바이는 세계에서 가장 빠르게 성장하는 도시 중 하나로 아랍의 현대와 전통이 조화를 이루는 매력적인 도시입니다. 미래 지향적인 건축물과 풍부한 문화유산이 특별한 경험을 제공하고 있습니다. 수도 아부다비 역시 현대적인 건축물과 전통적인 문화가 어우러진 도시로, 풍부한 역사와 문화를 자랑하는 세계적인 관광 명소가 많이 있습니다.

● 두바이와 아부다비는 급속한 도시화를 이루면서도 전통문화를 유지하려고 노력하고 있습니다. 그러나 도시화가 전통문화를 침해할 수 있다는 우려도 있습니다. 급속한 발전 속에서 전통문화를 보존하기 위한 방법은 무엇이 있을까요?

●● 두바이의 부르즈 할리파 같은 거대한 건축물은 도시의 상징이자 관광 명소로서 중요한 역할을 합니다. 이러한 상징적인 건축물들이 지역 문화의 정체성을 대변할 수 있을까요? 혹은 지나친 현대화가 문화적 뿌리를 약화시키는 요소가 되진 않을까요?

●●● 서울도 두바이와 마찬가지로 빠르게 성장한 도시입니다. 두바이와 서울은 각각 현대성과 전통의 조화를 이루려는 노력을 하고 있지만 접근 방식은 다릅니다. 대한민국의 도시 개발과 비교했을 때 두바이와 아부다비의 발전 방식에서 우리가 배울 점은 무엇일까요?

236

중동의 하늘에서 나를 만나다

새로운 것을 알아간다는 것은 참으로 유익한 과정이다. 그래서 사람들은 짧은 인생 동안 기꺼이 시간을 쪼개서 무언가를 탐구하며 미지의 앞을 향해 나아간다. 하지만 '그 과정도 즐거운가?'라고 묻는다면 사람마다 다르게 답할 것 같다. 누군가는 결과보단 과정에 의미를 두면서 하루하루가 행복하다고 말하고, 누군가는 나중의 결과가 좋기를 바라면서 지금 당장의 고통을 감내할 것이다.

이 책도 그렇다. 처음 쓰기 시작할 때만 해도 금방 쓸 자신이 있었다. 아랍에미리트 두바이에서 오랫동안 거주하고 현직 파일럿으로 일하면서 현지 소식을 전하는 기사를 계속 써왔기 때문에 나만큼 아랍에미리트를 잘 이해하고 아는 사람은 없을 거라고 생각했다.

하지만 책을 쓰면서 이 같은 생각이 얼마나 오만한 것이었는지를 깨달았다. 대략 알고 있는 것과 온전히 아는 것은 큰 차이가 있었다. 확실하지 않은 내용이 나올 때마다 관련 자료를 찾고 인터넷을 뒤지고 그래도 해결이 안 되면 주위 사람들에게 물으면서 앞으로 나아갔다. 그러면서 내가 안다고 생각했던 것이 정말 한 줌의 모래와도 같은 것이라는 것을 깨닫고는 겸허해졌다.

그 과정이 재밌을 때도 있었지만 솔직히 힘들 때가 더 많았다. 그래서 생각보다 원고가 많이 늦어졌다. 하지만 "이전 것은 지나갔으니 보라 새것이 되었도다."란 성서의 말씀처럼 완성하고 나니 이렇게 뿌듯할 수가 없다.

책을 마친 지금 처음 이곳에 도착했던 장면이 생각난다. 2016년 서른 넘은 나이에 언론사 기자를 사직하고 파일럿이 되기 위한 훈련을 받기 위해 두바이 국제공항을 밟았다. 공항 밖을 나서자마자 후끈한 날씨에 안경에 김이 서려 아무것도 보이지 않았다. 당시에는 이것이 앞이 보이지 않는 내 미래를 암시하는 것 같아 쓸쓸하기만 했다.

비행과는 전혀 관련 없는 전공을 하고 안정적인 삶을 살아왔던 내가 비행에 관한 지식이 전무한 상태에서 '파일럿이 되어야겠다'는 생각만으로 왔으니 고생은 어찌 보면 당연한 일이었다. 아는 사람 하나 없는 두바이에서의 생활은 너무나 힘들었다. 하지만 이를 악물고 '어차피 늦은 나이에 시작한 거 남들이 하지 않는 길을 걸어보자'는 생각으로 매일 매일 비행 훈

련에 임했다. 사랑하는 가족의 응원이 있었기에 가능한 일이었다.

시간이 흐르고 여기까지 왔다. 그동안 새로운 사람도 많이 만나고 모르던 것도 알게 되고 더 넓은 세상에서 나 자신을 바라볼 수 있게 되었다. 더불어 중동 지역에 대한 애정도 한층 더 깊어졌다.

아랍에미리트는 대한민국과는 떼려야 뗄 수 없는 중요한 지역이다. 거리만 멀 뿐 나이 많은 사람을 공경하고 효를 중요시하는 문화나 손님에게 친절하고 인간관계를 중시하는 성격까지 은근히 비슷한 구석이 많다. 더구나 K-팝, K-드라마 등 한류가 인기라서 한국 배우의 동정이나 최신 드라마 소식을 나보다 현지인이 먼저 알아 깜짝 놀랄 때도 많다. 우리나라에도 '두바이 초콜릿' 같은 아랍 음식이 널리 알려지면서 예전보단 이 지역이 훨씬 더 가까워진 느낌이다. 이러한 모습을 책에 녹여내려 애썼다.

나에게 있어 '한국 기자 출신 중동 파일럿'이란 호칭은 자랑스러운 훈장과도 같다. 앞으로도 아랍과 한국의 가교를 조금이라도 담당하고 이곳에서 직접 부딪치면서 습득한 경험과 지식을 미약하나마 많은 사람과 나눌 수 있다면 좋겠다.

참고 문헌

도서

역사교육자협의회, 《세계사밖의 세계사:아랍편》, 채정자 옮김, 비안, 2004

앨버트 후라니, 《아랍인의 역사》, 김정명·홍미정 옮김, 심산, 2010

제시카 힐·존 윌시, 《세계 문화 여행 : 아랍에미리트》, 조유미 옮김, 시그마북스, 2021

권태균, 지규택, 《사막 위에 세운 미래, 아랍에미리트 이야기》, 삼성경제연구소, 2014

학술논문·연구보고서

김강석, "불완전 주권과 중동의 정치 불안정", 한국이슬람학회 논총』 (경기:한국이슬람학회, 2020)

서정민, "이슬람국가(IS)의 이중적 이념구축: 동원과 타자화의 양적 분석을 중심으로" 『중동연구』 (서울:한국외국어대학교 중동연구소, 2019), 제 38권 1호.

공일주, "아랍어 꾸란의 이싸 이븐 마르얌에 대한 어휘 및 신학적 연구", 『종교와 문화』 (서울: 서울대학교 종교문제연구소, 2011). 21권

IRENA "Global hydrogen trade to meet the 1.5C Climate Goal Part 3: Green hydrogen cost and potential". 2023

정부간행물

대한무역투자진흥공사, 『UAE 진출전략』, 대한무역투자진흥공사, 2024

대한무역투자진흥공사, "사우디 수소 에너지 공급망 현황", 대한무역투자진흥공사, 2023

한국인터넷진흥원, 『국가별 ICT 시장동향 – UAE』, 한국인터넷진흥원, 2024

고용노동부·한국산업인력공단, 『해외취업 완전정복 아랍에미리트』, 교보문고 Pubple, 2017

외교부, 『아랍에미리트 개황』, 외교부, 2024

사이트

UAE 문화관광부   https://dct.gov.ae.

두바이 관광청   https://www.visitdubai.com.

아부다비 관광청   https://visitabudhabi.ae.

샤르자 관광청   https://www.visitsharjah.com.

Gulf News   https://gulfnews.com.

The National   https://www.thenationalnews.com.

연합뉴스   http://www.yonhapnews.co.kr.

조선일보   http://www.chosum.com.

뉴스1   http://www.news1.kr.

머니투데이   http://www.mt.co.kr.

한국일보   http://hankookilbo.com.

둘라의 아랍 이야기   https://www.dullahbank.com.